NICOLE RINDER
FLORIAN RAUCH

DAS LETZTE FEST

NEUE WEGE UND HEILSAME RITUALE IN DER ZEIT DER TRAUER

UNTER MITARBEIT VON STEFAN LINDE

IRISIANA

Inhalt

Vorwort

Alles im Leben hat seine Zeit: das Geborenwerden und das Sterben, das Weinen und das Lachen. Wir sind Nicole Rinder und Florian Rauch und arbeiten seit elf Jahren in der Trauerbegleitung für AETAS in München. »Aetas« kommt aus dem Lateinischen und bedeutet Lebensspanne, Zeit des Lebens. AETAS steht für eine neue, moderne Trauerkultur, die den tiefen, heilsamen Sinn des Trauerns zu den Menschen zurückbringen will.
Die für uns sichtbare Lebensspanne hat einen Anfang und ein Ende – unsere Geburt und den Tod. Menschen kommen zu uns, um zu trauern, aber auch um ihr seelisches Wohlbefinden wiederzugewinnen. Wir sind Begleiter für bestimmte Zeiten im Leben eines Menschen. Wir begleiten Menschen in der schwierigsten Übergangssituation, die wir in unserem Leben erfahren können – nach dem Verlust eines geliebten Menschen durch den Tod.

Trauer erfahrbar machen

Wir unterstützen diese Menschen dabei, in der geschützten Atmosphäre unseres Hauses eigene Wege der Trauer zu entdecken und aus der Trauer heraus neue Lebensperspektiven zu finden, die Trauer nicht unterdrücken, sondern erfahrbar machen. Als erfahrene Trauerbegleiter eines Bestattungsunternehmens wissen wir, dass der Tod viele Fragen aufwirft. Deshalb ist es uns sehr wichtig, Raum und Zeit zum Trauern zu schaffen. Bei uns ist jeder willkommen, der sich mit dem Tod auseinandersetzen muss. Es sind Menschen mit »leichten« Verlusten, wie nach dem Tod betagter Eltern, deren Ableben verständlich und vorbereitet war, auch wenn es noch so wehtut. Insbesondere möchten wir mit diesem Buch aber Menschen ansprechen, die von einem sehr schweren Verlust getroffen wurden – Eltern von verstorbenen Kindern oder Menschen, die der Tod eines Angehörigen überrascht hat. Die emotionale Belastung nach diesem Tod eines geliebten Angehörigen ist enorm.

Der Trauer einen Platz geben

Ein plötzlicher Tod macht die Situation noch schrecklicher und unverständlicher. Nicole Rinder hat in den vergangenen Jahren einige Hundert Eltern begleitet, die ein Kind verloren haben. Sie selbst hat dieses Schicksal durchlitten, ein so dramatisches Erlebnis, dass es ihr Leben völlig verändert und in eine neue Bahn geworfen hat. Sie hat sich entschlossen, ihre Geschichte in diesem Buch zu erzählen, als Hilfe für Eltern, als Zeichen, dass sie nicht allein sind – als Hilfe, wie sie mit dieser Situation umgehen können.

Die jahrelange praktische Erfahrung im täglichen Umgang mit Betroffenen gibt uns die Gewissheit, jedem, der zu uns kommt, ein wertvoller Begleiter zu sein. Dieses Buch ist der Abschluss eines Weges, den wir selbst gegangen sind aus der Erkenntnis heraus, dass unsere Trauerkultur sinnentleert geworden ist und völlig neue Impulse braucht. Wir möchten der Trauerkultur wieder einen Platz als natürlicher Teil des Lebens geben und schildern, wie wir Angehörige in ihrem Trauerprozess mit praktischen Übungen unterstützen; damit machen wir viel mehr, als »nur« bestatten.

Das Buch soll Menschen Hilfe bieten, die sich nach einer neuen Orientierung sehnen und nach einer zeitgemäßen Sinngebung suchen, die den Tod wieder fassbarer macht. Es soll Impulse geben, aus dem passiven Erleiden in eine aktive und gestaltende Trauer überzugehen, die uns den Trauerprozess erleichtern kann. Unsere Aufklärung soll Menschen in ihrem Selbstbewusstsein stärken, sich mit ihrer Trauer aktiv auseinanderzusetzen, damit sie ihr Recht auf eine gesunde Trauer einfordern können. Wir möchten das Bewusstsein schaffen, dass auch der Hinterbliebene Rechte hat, auf den Prozess seiner Trauer Einfluss zu nehmen, und dass er sich dafür die richtigen Trauerpartner suchen darf. Und wir möchten vermitteln, dass sich für eine gesunde Trauer zunächst unser Denken, unsere Einstellung zum Tod ändern muss – und dass sie sich ändern kann, wenn wir Tod und Trauer als eine Aufforderung begreifen, uns zu öffnen und positive Impulse für eine Wandlung zu setzen. Wir wollen das ins Abseits gedrängte Sterben und Trauern zurück in die Mitte der Familien und unsere Gesellschaft holen:

Es ist an der Zeit, unsere Trauerkultur, der es oft an Sinn mangelt, zu überdenken und ihr neue Impulse zu geben.

Denn Sterben, Tod und Trauern gehören genauso zum natürlichen Lebensbogen jedes Menschen wie die Freude über Liebe, Heirat und Geburt.

Der Abschied und das letzte Fest

Unser Ziel ist es, Trauernden Mut zu machen, ihre Entscheidungen wieder selbst zu treffen, um so ihren ganz persönlichen Abschied von einem Menschen würdevoll zu begehen. In diesem Zusammenhang stellen wir auch einige praktische Übungen vor. Ein Verzeichnis der Übungen in diesem Buch finden Sie auf der vorderen Innenklappe.

Sich mit dem Tod auseinanderzusetzen bedeutet, auch mehr über das Leben zu erfahren.

Der Trauernde soll lernen, mit dem Tod des geliebten Menschen zurechtzukommen, seine neue Identität zu finden und den Verlust in die neue Lebenssituation zu integrieren. Der Verlust soll gewürdigt und akzeptiert und Bestandteil des eigenen Lebens werden. Denn – auch das werden Sie in diesem Buch erfahren – die Trauer nach einem schweren Verlust hört nie wirklich auf, sie kommt immer wieder. Aber sie verändert sich, wenn wir uns »trauen zu trauern«. Unser Ziel muss sein, mit dem Verlust leben zu können und nicht daran zu zerbrechen. Dafür sind drei Schritte notwendig:

- Wir müssen wieder etwas über uns selbst und über das Leben erfahren.
- Wir müssen wieder erfahren, wie wir erfüllend Abschied nehmen von unseren Toten.
- Wir müssen erfahren, wie wir Trauernden wirklich helfen können, ohne zu schaden und ohne zu verletzen.

Aufbau des Buchs

Gemäß diesen drei Schritten haben wir das Buch in drei Abschnitte untergliedert, die je nach Art der Betroffenheit einen raschen Einstieg zum Wesentlichen ermöglichen. In jedem Abschnitt finden Sie Übungen und Rituale, die Ihren Trauerweg erleichtern und unterstützen können.

Leben Dieser Teil des Buchs bietet einen Zugang für Suchende, denen künftig ein Abschied/Tod bevorsteht und die den Mut und die Klugheit haben, sich schon vorab damit zu befassen. Es soll zum Nachdenken über die Endlichkeit des eigenen Seins anregen und helfen, daraus die richtigen Schlüsse für eine lebensbejahende Sicht auf das eigene Leben zu ziehen.

Trauern Dieser Teil des Buchs bietet einen Zugang für Menschen, die wissen wollen, was mit ihnen in der Trauer geschieht. Es zeigt die Stationen, die wir auf dem Trauerweg durchschreiten und durchleiden. Wir müssen Trauer verstehen, damit wir diesen schmerzhaften Prozess aktiv gestalten können. Vor allem aber möchten wir, dass Sie erkennen, welche unermessliche Bedeutung ein erfüllter Abschied für Ihren Trauerprozess hat.

Begleiten Dieser Teil des Buchs bietet einen Zugang für all jene, die Trauernden nahestehen und wissen wollen, nach welchen einfachen Grundregeln sie einem Trauernden helfen und ihn begleiten können.

Leben, trauern, begleiten – die Auseinandersetzung mit dem Tod kann unser Leben bereichern.

Worum es uns geht

Wenn Sie glauben, in diesem Buch ginge es nur um Tod und Sterben, dann täuschen Sie sich. Nein, es geht um Ihr Leben. Der Tod spielt hier nur eine Nebenrolle. Wir wollen ihm nicht mehr Gewicht geben, als ihm zusteht – und viel weniger, als er sich herausnimmt, wenn er unser Leben befällt.
Wir möchten Ihnen helfen, den Tod eines geliebten Menschen mit anderen Augen zu sehen, ihn vielleicht ganz anders zu erleben – zwar als Verlust und als Ende, aber eben nicht nur: Denn vielleicht zeigt Ihnen der Tod auch neue Wege auf, führt Sie in einen neuen Raum, der neugierig und Mut macht, Ihr Leben zu hinterfragen und neu zu gestalten.
Wir werden den Weg dorthin aber nur dann finden, wenn wir lernen, um die Menschen, die wir jetzt verlieren und für immer entbehren müssen, wieder richtig zu trauern. Denn genau das haben wir in den vergangenen Jahrzehnten verloren: das uralte Wissen, den Trauerweg zu gehen und unseren Schmerz zu durchleben. Nur das macht eine Akzeptanz des Todes möglich.

Eine neue Trauerkultur

Die Fähigkeit, Trauer und Tod als Teil des natürlichen Lebens zu begreifen, droht, in der modernen Gesellschaft völlig in Vergessenheit zu geraten. Die Verstädterung sowie die Anzahl der Singlehaushalte und der Alleinerziehenden nehmen zu. Unsere einst auf Familie, Dorfgemeinschaften, Parteien, Vereinen und sozialem Zusammenhalt basierende Gesellschaft wird zum Auslaufmodell. Auch die Kirche scheint unfähig zur Erneuerung und verliert ihre Bindungsfähigkeit. Wir atomisieren im Konkurrenzkampf einer wirtschaftsorientierten und wertefernen Gesellschaft, wir vereinzeln. Im Alter wird das nicht besser.
Darüber hinaus nimmt die Überalterung unserer Gesellschaft zu. Die Lebenserwartung ist seit 1900 um durchschnittlich 30 Jahre

gestiegen. Dank der modernen Medizin und gesunder Ernährung erhöht sie sich jährlich weiter um zwei Monate auf heute schon 80,07 Jahre. Dabei liegen Frauen mit 82,44 Jahren deutlich über dem Durchschnitt, Männer mit 77,82 Jahren deutlich darunter. Insgesamt wurden wir aber nie so alt wie heute. Und noch nie haben wir das Sterben und die Trauer so aus unserem Lebensumfeld verdrängt wie heute. Wir haben gelernt, wie man länger lebt – aber wir haben verlernt, Sterbende würdevoll zu begleiten und unsere Toten sinnerfüllt zu betrauern und zu bestatten.

(K)Ein Witz

Sagt die Nichte: »Als ich noch jünger war, hasste ich es, auf Hochzeiten zu gehen. Alle möglichen Tanten drängten sich um mich, pikten mich in die Seite und kicherten: ›Du bist die Nächste! Du bist die Nächste!‹ Sie haben mit diesem Mist erst aufgehört, als ich anfing, bei Beerdigungen mit ihnen dasselbe zu machen.«

Jugend, Schönheit, Leistungsfähigkeit – wir haben den Tod und das Sterben in unserer Gesellschaft weitestgehend aus dem Blickfeld entfernt.

Dieser Witz ist nicht wirklich lustig – weil er so treffend die Wahrheit beschreibt, wie wir sie tagtäglich erleben. Wir verstecken Tod und Trauer: Unglaubliche 800 000 bis 900 000 Menschen sterben jedes Jahr allein in Deutschland. Und trotzdem bekommen wir im Alltag kaum etwas davon mit. Obwohl fast jeder wenigstens einmal im Jahr im Verwandten- und Bekanntenkreis davon betroffen sein müsste. Bloß nicht zu viel Aufsehen, bitte keine Tränen, »von Beileidsbekundungen bitten wir Abstand zu nehmen« – nur keinen Schmerz zeigen. Da sind wir plötzlich alle Indianer. Wir müssen funktionieren in Job und Familie. »Gefühlsduselei« stört da nur. Trauer und Tod sind zu Tabuthemen geworden. Sterben kennt der moderne, aktive, ewig jugendlich-dynamische Mensch von heute nicht mehr.

Der Tod wird verbannt

Wir wollen uns auf den Tod nicht mehr einlassen, weil wir ihn nicht mehr als sinnstiftend erleben, als möglichen Übergang etwa ins Paradies, als nächsten Schritt zur Wiedergeburt oder auch »nur« als Schlusspunkt eines sinnerfüllten Lebens. Der Tod wird nicht mehr als naturgegeben hingenommen; wir tun alles, um ihn aus unserem Alltag zu verbannen.

Wir wissen ja auch gar nicht mehr, wie das Trauern funktioniert. Wer sollte uns noch zeigen, wie viel Trost uns die Rituale eines geführten Trauerprozesses schenken können? Es gibt kaum noch jemanden, der uns vorleben könnte, dass der Tod zum Leben gehört wie Frühling, Sommer, Herbst und Winter und dass Trauern ein natürlicher Heilungsprozess ist. Wer stützt uns heute noch, wem vertrauen wir, wenn es ans Sterben geht? Wer darf heute noch hoffen, im Schutz seiner Familie und der gewohnten Umgebung friedlich sterben zu dürfen?

Vielleicht haben Sie das auch schon einmal erlebt: Sie mussten zu einer Beerdigung und wussten nicht, wie man sich da »verhält« – Blumen mitbringen, Beileid bekunden? Trauerrituale sind uns fremd geworden.

Weh dem, der stirbt

Die meisten Menschen sterben heute in Krankenhäusern oder Altersheimen. Und meist sind sie dabei allein. Im Regelfall wird das Sterbezimmer nach dem Tod umgehend geräumt und gereinigt – es soll für die nächsten Patienten aufnahmebereit sein, das steigert den Umsatz. Auch aus Rücksicht auf andere Patienten sind die Pflegekräfte zur Eile angehalten, denn für viele ist und bleibt die Anwesenheit des Todes und eines Toten in unmittelbarer Umgebung ein schlechtes Omen, etwas, das belastet und dem eigenen Heilungsprozess schadet. Den Verstorbenen im Krankenzimmer oder einem eigens eingerichteten Trauerraum aufzubahren und den Angehörigen einen Abschied in einer würdevollen Umgebung zu ermöglichen ist heute immer noch die Ausnahme. Mitgefühl ist keine Kassenleistung. Im Regelfall kommt der Tote umgehend in die Kühlkammer der Prosektur im Krankenhauskeller. Von dort in den Sarg des Beerdigungsunternehmers. Und dann gleich unter die Erde. Für viele bedeutet das, dass sie den verstorbenen Mann, die verstorbene Frau, das verstorbene Kind nicht noch einmal sehen dürfen.

Aus den Augen, aus dem Sinn

Die Ausstellung des Totenscheins gibt den Startschuss für eine unmenschliche Rallye. Binnen 96 Stunden, nachdem der Arzt den Tod

beurkundet hat, muss die Leiche laut Bestattungsgesetz schon unter der Erde sein. Der Mensch wird nicht betrauert, er wird entsorgt durch die ungemein effiziente Verwaltungskette der Krankenhäuser, Altenpflegeeinrichtungen, Ämter, Kirchen, Friedhofsverwaltungen und Bestattungsunternehmen. Der Verstorbene wird in Urnen eingedost, in Gräbern endgelagert oder im Meer verklappt, in spätestens vier Tagen.

Die für den Heilungsprozess des Trauernden so unglaublich wichtige Zeit für die persönliche Auseinandersetzung mit der Tatsache des Todes und für die Verarbeitung des Geschehenen findet keinen Raum. Beim Tod außer Haus haben Angehörige fast keine Chance auf einen stillen und harmonischen Abschied. Keine letzte Berührung. Kein Zeichen der Fürsorge und Verbundenheit.

Der Tod ist ein so einschneidendes Ereignis, dass man Zeit braucht, um ihn zu begreifen. Nehmen Sie sich diese Zeit wieder.

Eingespielte Logistik

Wie tief diese Beerdigungsrallye mit ihren Entscheidungszwängen in den Trauerprozess eingreift, begreifen wir zunächst nicht einmal. Starb der Angehörige z. B. an einem Montag, müssen bis Mittwoch oder Donnerstag Verwandte und Freunde informiert, die Trauergesellschaft eingeladen, ein Termin mit dem Pfarrer vereinbart, der Leichenschmaus organisiert, Blumengebinde und Kränze bestellt, Kranzschleifen betextet, ein Sarg ausgewählt und Trauerkarten ausgesucht werden – Entscheidungen über Entscheidungen.

Der Hinterbliebene muss managen, vermitteln, sprechen und organisieren wie bei einem Großprojekt, obwohl er lieber schweigen, erinnern und Einkehr halten würde. Alles Dinge, die in dieser

Lebenssituation nicht möglich sind. Nur vier Tage bis zum ewigen Grab – da bleibt für keinen trauernden Menschen ausreichend Zeit, das Ungeheuerliche zu begreifen und wirklich Abschied zu nehmen. Hektik und Stress statt der so dringend notwendigen Besinnung gerade in den für die spätere Trauerbewältigung so wichtigen ersten Tagen zwischen Sterbestunde und Beerdigung. Schließlich geht es hier um den wichtigsten Abschied in unserem Leben – den Abschied für immer. Wir lassen unsere Toten grußlos ziehen. Sieht so der Tod aus, wie wir ihn für uns selbst wünschen würden? So nackt, so kalt und so gefühllos? Die Fehler, die hier gemacht werden, werden nachwirken. Weil wir Versäumtes nie wieder nachholen können.

Wir lassen uns fast willenlos entmündigen, weil wir mit der Bewältigung des Unglücks schon genug zu tun haben und in diesem Augenblick absoluter Schwäche mit einer Fülle von Aufgaben konfrontiert werden, die uns heillos überfordern.

Der zweite Tod durch Bürokratie und Verwaltung

Wie gut, dass es für diese Lebenslage Beerdigungsunternehmen gibt. Sie werben mit dem »Rundum-sorglos-Slogan«: Wir nehmen Ihnen alles aus der Hand! Sterbebilder aus dem Katalog, ein Sterbespruch, zwei Lieder, ein Normsarg, ein Normgrabstein mit Norminschrift, die Formulare für die Friedhofsverwaltung, die Sterbeurkunde, Kränze, Blumengebinde, ein Trauerredner nebst Orgelspiel – alles perfekt und reibungslos abgewickelt vom Bestatter. Bei der Katalogbeerdigung wird einem tatsächlich wie versprochen alles aus der Hand genommen. Der Trauernde nickt nur noch willenlos ab. In seiner Überforderung überlässt er die Verantwortung für eine würdevolle Trauer einer Entsorgungsindustrie, die den Tod standardisiert und damit nicht mehr erfahrbar macht.

Der durchorganisierte Tod

Der vorherrschende Gedanke, dem Trauernden in dieser Zeit alle Entscheidungen, jede Mühe abzunehmen, ist grundfalsch. Der durchorganisierte Tod mit seinen Entscheidungszwängen und Scheinbeschäftigungen hält uns von dem eigentlichen, so ungemein wichtigen Prozess des aktiven Trauerns fern. Wir erhalten keine Zeit, selbst herauszufinden, welche Trauer wir für uns und den Verstorbenen für sinnerfüllt halten. Wir lassen uns unsere Toten nehmen. Das ist schlicht unmenschlich.

Kaum jemand weiß heute noch, was wir uns damit antun. Wenn Trauer nicht gelebt und erfahren werden darf, verharren und versteinern die Trauernden schließlich in ihrem Leiden; sie kommen nicht ins Gestalten, ins kreative Tun, in die aktive Auseinandersetzung mit ihren eigenen Wünschen und Idealen, wie sich ihre Trauer Bahn brechen soll. Eine Trauer, die nicht aufgesetzt und fremdbestimmt ist, sondern sich aus uns selbst heraus entwickelt, unseren eigenen Bedürfnissen entspricht und damit erst ihre heilsame Wirkung entfalten kann. Dieses aktive Gestalten bedeutet Bewegung, und Bewegung schafft Veränderung und neue Perspektiven für eine positive Entwicklung in der Zukunft – nachdem wir die alten Vorstellungen begraben mussten.

Erst später und oft zu spät wird der Trauernde merken, welchen Schaden er sich – ohne eigene Schuld – unter diesem immensen Druck selbst zugefügt hat. Er hatte niemanden, der es ihm hätte sagen und Alternativen zeigen können. Das möchten wir hier tun.

Die Trauerfeier für einen geliebten Menschen sollte sich anders gestalten als der Verkauf eines Autos. Geben Sie Ihre Trauer nicht aus der Hand.

Das unwiederbringliche Versäumnis

Wir erleben in unserer Arbeit immer wieder, dass uns Trauernde von früheren Sterbefällen in der Familie erzählen und berichten, sie seien erst Tage nach der Stressphase »Organisation Beerdigung« zu sich gekommen. Erst dann realisierten sie, dass sie nicht den Kauf einer Wohnung oder eines Autos abgewickelt, sondern einen geliebten Menschen für immer verloren hatten. Sie schildern diese Zeit zwischen Sterbestunde und Beerdigung oft wie eine Art Rausch, aus dem es ein jähes Erwachen gibt. Eben steht man noch am Grab wie in Trance, sieht sich wie in einem Film, bekommt die Hände geschüttelt, bis sie schmerzen, hört, wie die Erde auf den Sargdeckel fällt. Dann ist die Beerdigung vorbei, die Angehörigen sind gegangen – und plötzlich ist man einsam und allein. In dieser Leere tauchen nun plötzlich die Gedanken auf, die im Beerdigungsstress der vergangenen Tage verdrängt wurden. Diesen Albtraum erlebt fast jeder Trauernde: Mit einem Schlag tut sich im Leben des Trauernden ein Abgrund auf, der sich nicht so schnell schließen lässt wie ein Sargdeckel. Die Wahrheit ist umso schmerzhaf-

ter, je weniger Zeit wir bekommen haben, uns auf diesen weiteren Schock einzustellen, und je weniger wir unsere Trauer schon durch die aktive Gestaltung des letzten Festes zulassen konnten. Weil der Abschied keiner war, der uns trösten wird, an den wir uns versöhnlich erinnern, ohne dass wir plötzlich die Leere eines großen Versäumnisses in uns spüren.

Trauer braucht Zeit

In unserer heutigen Gesellschaft wird Trauer oft tabuisiert. Viele Menschen möchten mit der Trauer anderer nicht »belästigt« werden und gehen mit der eigenen Trauer ähnlich um.

Der Trauerprozess hat schon zu Beginn großen Schaden genommen, weil uns die Chance unwiederbringlich genommen wurde, den Verlust im wahrsten Sinne des Wortes zu begreifen. Damit fehlt etwas Entscheidendes für die weitere Entwicklung in der Trauer. Der fehlende Abschied ist nicht mehr rückholbar. Der Trauernde muss zusätzlich zu seinem Schmerz fortan auch noch damit umgehen, etwas sehr Wichtiges versäumt zu haben. Und das ist leider keine Ausnahme, sondern Realität. Doch Trauer braucht Zeit und einen wirklichen Abschied vom Verstorbenen.
In all den Jahren, in denen wir Menschen begleiten durften, mussten wir immer wieder feststellen, wie schwer es ihnen heute fällt, einen natürlichen Trauerprozess zu durchschreiten. Deshalb ist eine Rückbesinnung auf die Stärken unserer traditionellen Trauerkultur und die Entwicklung neuer, sinnkräftiger Trauerrituale dringend notwendig. Als Trauerbegleiter versuchen wir seit über elf Jahren, so viele Menschen wie möglich an die uralten Erfahrun-

gen der Trauerkultur heranzuführen, sinnerfülltes Wissen, das in unserer modernen, hektischen Zeit so leichtfertig in Vergessenheit geraten ist. Wir möchten diese Erfahrungen wiederbeleben und helfen, sie in einen modernen Kontext zu integrieren.

Eine persönliche Geschichte

Ich bin Florian Rauch und war die ersten Jahre meines Berufslebens im Management eines großen deutschen Beerdigungsunternehmens tätig. Das war reine Bürotätigkeit. Es ging um Zahlen, wenig um Gefühle. Mit Toten kam ich nur selten in Berührung – bis ich Geschäftsführer einer großen Filiale wurde. Ich begann, Trauerfeiern und Beerdigungen durchzuführen. Zunehmend erlebte ich, wie sehr die durchorganisierte Trauer an den eigentlichen Bedürfnissen der Menschen vorbeigeht. Dafür ist sie zu effizient, zu schnell, zu gefühllos. Ich erlebte, wie Eltern, die gerade ihr Kind verloren hatten, keine Möglichkeit bekamen, es noch einmal anzuschauen, keine Zeit, den Verlust zu begreifen, anzunehmen und wirklich Abschied zu nehmen. Solche verstörenden Eindrücke häuften sich. Ich empfand meine Arbeit zunehmend als unbefriedigend. Wenn man als junger Beerdigungsunternehmer zum ersten Mal einen Toten aus der Pathologie des Krankenhauses abholt und sieht, wie kalt das abläuft, beginnt man, seinen Beruf zu hinterfragen, und sucht nach Möglichkeiten, wie es besser gehen könnte.

In anderen Kulturkreisen sind Trauer und Tod noch viel selbstverständlicher in das Leben integriert. Hier wird der Trauernde nicht vorübergehend aus der Gemeinschaft ausgeschlossen.

Alternative Trauerformen

Ich diskutierte dieses Problem damals intensiv im Freundeskreis. Schnell wurde mir klar, dass Beerdigen überall als traumatisierendes Ereignis empfunden wird, als etwas, das mit Angst und Widerwillen verbunden ist – und plötzlich sah ich meinen Beruf von einer anderen Seite. Ich begann, zu lesen, nach alternativen Trauerformen zu suchen und bei erfahrenen Trauerpsychologen wie z. B. Jorgos Canacakis' Kurse zur Trauerbegleitung zu belegen. Ich sprach mit vielen Helfern aus der Hospizbewegung, die Menschen und ihre Angehörigen beim Sterben begleiten. Ich sprach mit Rettern in den Kriseninterventionsteams, die gerufen werden, wenn dramatische Todesfälle zu Schocksituationen führen. Besonders intensiv und immer wieder sprach ich mit Trauernden.

So erst erfuhr ich, dass die Zeit zwischen Todesstunde und Beerdigung die wichtigsten Stunden für den Beginn einer heilsamen Trauer darstellen. Dass der Trauernde hier alle Zeit bekommen muss, die er braucht, um den Tod seines Angehörigen bei sich ankommen zu lassen und seinen toten Körper schließlich loslassen zu können – und zwar bei einem Abschied von Angesicht zu Angesicht mit dem Verstorbenen.

Ich begann, meine Erfahrungen in meine Arbeit einfließen zu lassen. Es war ein Tasten und verantwortungsvolles Ausloten einer neuen Trauerkultur, die mehr und mehr Gestalt annahm. Die Ergebnisse machten mir Mut fortzufahren. Und eines Tages wurde mein Vater Teil davon. Heute weiß ich, dass dieser Tag mein Berufsleben entscheidend verändert hat.

Ob der Trauerprozess heilsam verlaufen kann, entscheidet sich in der Zeit zwischen Todesstunde und Beerdigung.

Der Abschied meines Vaters von seiner Mutter

Eines Morgens kam ein Anruf aus dem Krankenhaus: Meine Großmutter war in der Nacht nach kurzer Krankheit verstorben. Es war das erste Mal, dass ein mir sehr nahestehender Mensch tot war. Natürlich hätte ich einen unserer Mitarbeiter beauftragen können, die Beerdigung abzuwickeln. Doch als die Nachricht kam, war es für mich eine Selbstverständlichkeit, meine Großmutter selbst abzuholen. Ich fuhr ins Krankenhaus. Doch als ich dort ankam, war sie schon längst aus dem Zimmer in den Keller des Krankenhauses gebracht worden. Ich kannte meine Großmutter bis dahin nur als respekteinflößende Frau. Bodenständig und wortgewaltig, klar und bestimmend für unsere ganze Familie. Eine bayerische Matrone. Und da lag sie nun. Auf einer kalten Metalltrage im Neonlicht der Pathologie im Keller des Krankenhauses. Ganz klein schien sie. Und sie war komplett nackt. Wie viele Menschen der älteren Generation war sie streng katholisch erzogen worden und hätte sich niemals unbekleidet vor mir gezeigt. Ich weiß noch, wie erstarrt ich war, als ich meine Oma so entblößt und schutzlos vor mir sah, und wie ich dachte, dass dies für sie sicherlich das Schlimmste gewesen wäre. Aus diesem Impuls tiefen Mitgefühls heraus deckte ich sie sorgsam mit einem Leinentuch zu, das ich mitgebracht hatte. »Damit du nicht so frierst ...«, sagte ich zu ihr. Dann bettete ich sie ganz sanft in ihren Sarg.

Auch ich muss mich erstmals verabschieden

Es war für mich eine sehr wichtige Erfahrung, das selbst zu tun. Der Respekt vor Menschen gehört für mich zur Wahrung der Menschenwürde, und diesen Respekt habe ich im Berufsalltag auch vor einem Toten. Dennoch ist es noch einmal etwas völlig anderes, wenn man den Toten persönlich gekannt hat, wenn man erlebt hat, wie er sich bewegt, wie er spricht – und dann realisiert, dass dieser Mensch nun tot vor einem liegt. Es war meine eigene Großmutter, ein Teil meiner Kindheit, meiner eigenen Geschichte. Während ich sie versorgte, kamen bei mir ganz viele Erinnerungen hoch. Wenn diese Nähe plötzlich da ist, berührt man den Toten viel bewusster, ja liebevoller, so, als ob er nur schlafen würde.

Diese besondere Form der Andacht ließ mich den unwirtlichen Raum der Pathologie vergessen. Ich war bei mir. Und ich war bei ihr. Ich fragte mich: Warum nimmt man den Angehörigen die Chance auf dieses beseelende Gefühl? Warum lässt man sie nicht selbst ihre Toten einbetten? Zumindest sollte sich jeder selbst entscheiden dürfen, dies zu tun. Ich beschloss, dass wir in Zukunft auf jeden Fall die Angehörigen fragen, ob sie den Verstorbenen noch einmal sehen, ihn versorgen möchten, um sich in Ruhe und Würde von ihm verabschieden zu können.

Einen verstorbenen Angehörigen selbst zu versorgen, ihn z. B. in den Sarg zu betten, stellt eine ganz besondere Form der Andacht dar.

Die letzte Chance, Verletzungen zu heilen

An diesem Morgen beschloss ich auch, mit meinem Vater zu beginnen und ihm diesen Abschied von seiner Mutter zu ermöglichen. Ich war überzeugt, dass dies sehr wichtig für ihn sein würde.

Er hatte zu seinen Eltern ein durchaus schwieriges Verhältnis gehabt und beispielsweise sehr früh gegen ihren Willen – vor allem gegen den Willen seiner Mutter – geheiratet. Aus seiner Sicht eine Liebesheirat, aus der Sicht seiner Mutter eine Notheirat, da meine Mutter zu diesem Zeitpunkt hochschwanger war. Dieser Konflikt führte jahrelang zu Verletzungen, die nie wirklich verheilt waren.

Mit seinem Vater hatte mein Vater sich nicht aussöhnen können – er war drei Jahre vor meiner Großmutter gestorben und im Rahmen der üblichen Routine bestattet worden. Einen Abschied hatte es nicht gegeben – der Vater war beerdigt worden, ohne dass der Sohn ihn noch einmal hätte anschauen und innehalten können. So fraß mein Vater seine Trauer in sich hinein und sah auch später keine Notwendigkeit aufzuarbeiten, was ihn doch stark belastete. Ich beschloss, dass sich dies mit dem Tod seiner Mutter nicht wiederholen sollte.

Der würdevolle Abschied von einem geliebten Menschen stellt die letzte Chance zur Versöhnung dar.

Versöhnung – ein guter Abschied

Als ich ihm vorschlug, dass er seine Mutter noch einmal sehen und ihr von Angesicht zu Angesicht sagen konnte, was zu sagen war, sträubte er sich mit Händen und Füßen dagegen. Er hatte einfach Angst. Doch schließlich fuhr er doch in seinem weißen Jaguar vor und schlich geduckt in den Abschiedsraum hinein, den ich für ihn und seine tote Mutter im Krankenhaus geschmückt hatte. Sie lag da mit ganz entspannten Gesichtszügen, weich und ohne jene Härte, die sie manchmal ausgestrahlt hatte, wenn sie streng wurde. Und plötzlich stand mein Vater neben ihr und streichelte sie, er, der noch nie zuvor einen Toten berührt und schreckliche Angst davor hatte. Seine Augen füllten sich mit Tränen; in diesem Moment war

er wieder das Kind. Er konnte sich öffnen und alles herauslassen, was sich über die Jahre angestaut hatte. Er konnte seinen Frieden machen. Erschöpft, aber völlig gelöst verließ er nach einer knappen Stunde den Raum, als sei eine schwere Bürde von ihm abgefallen. Er hatte die Schatten der Vergangenheit hinter sich gelassen.
Auch für mich ist dieses Erlebnis prägend gewesen: Zum ersten Mal wurde mir bewusst, was ein wirklicher Abschied bei einem Menschen, der trauert, bewirken kann. Das sollte sich auch auf mein weiteres Berufsleben auswirken.

Leben und Tod sind zwei Seiten ein und derselben Medaille. Der Tod gehört zum Leben dazu.

Der Neuanfang als Trauerbegleiter

Dieses Erlebnis mit meinem Vater – und indirekt auch mit meiner Großmutter – war für meinen weiteren beruflichen Weg ausschlaggebend. Kurze Zeit später kündigte ich meine sichere Stellung und gründete im November 2000 AETAS, mein eigenes Unternehmen für Lebens- und Trauerkultur.
Ich war als kühler Kaufmann in diesen Beruf gekommen – jetzt bin ich in der Emotion. Ich wollte vieles ändern und verbessern, was ich bisher über das Bestattungswesen erfahren hatte. Wenige Monate später bot Nicole Rinder ihren ersten Kurs bei uns an. Jedoch nicht aus der Situation der Beobachterin, sondern als Betroffene mit einem sehr harten Schicksal. Seit elf Jahren gehen wir diesen Weg als moderne Trauerbegleiter nun gemeinsam. Und man kann sagen: Wir haben nicht nur unseren Beruf gefunden, wir folgen unserer Berufung und sind heute mehr denn je davon überzeugt:

Vom Sterben lernen heißt leben lernen:
Achtsam, intensiv jeden Tag dieses Wunder
Leben aufs Neue entdecken.

Leben

Trauer bedeutet Leben

Wenn ich noch einmal zu leben hätte, dann würde ich mehr Fehler machen. Ich würde versuchen, nicht mehr so schrecklich perfekt zu sein.
Dann würde ich mich mehr entspannen und vieles nicht mehr so ernst nehmen. Dann wäre ich ausgelassener und verrückter.
Ich würde mir nicht mehr so viel Sorgen machen um mein Ansehen.
Dann würde ich mehr verreisen, mehr Berge besteigen, mehr Flüsse durchschwimmen und mehr Sonnenuntergänge beobachten.
Dann würde ich früher im Frühjahr und später im Herbst mal barfuß gehen. Dann würde ich mehr Blumen riechen, mehr Kinder umarmen und mehr Menschen sagen, dass ich sie liebe.
Wenn – ich noch einmal zu leben hätte!

Der Mensch, auf den diese Zeilen geschrieben wurden, ist tot. Er wurde gerade einmal 40 Jahre alt und hinterlässt seine Frau und seinen Sohn. Es ist der Text seiner Traueranzeige in einer Münchner Zeitung. Ein Text, aus dem all die Lebenssehnsucht eines Menschen spricht, der noch nicht fertig war mit dem Leben, der noch so viele Pläne, Wünsche und Träume hatte.

Wie stark lassen wir uns doch von alltäglichen Scheinproblemen, von den Nichtigkeiten und Oberflächlichkeiten in unserem Leben blenden!

Ein Jahr zuvor war ein Gehirntumor entdeckt worden. Es begann mit Kopfschmerzen, die immer schlimmer wurden. Die Diagnose war besorgniserregend. An einem sonnigen Frühlingstag im Mai, am Tag, bevor er ins Krankenhaus ging, traf sich die ganze Familie noch einmal im Biergarten. Es war der Geburtstag seiner Frau. Es war sein Abschied von der Familie – der Anfang vom Ende.
Vor dem Krankenhaus nahm der Mann am nächsten Tag seinem Bruder das Versprechen ab, dass dieser sich um seinen Sohn kümmern würde. Noch am Abend wurde er operiert, doch der Tumor war bereits zu groß. Die Wochen bis zu seinem Tod verbrachte der Mann im Hospiz – blind und gelähmt, aber geistig völlig wach. Sein

Wunsch, noch einmal das Oktoberfest zu besuchen, blieb unerfüllt. Ende Oktober schlief er friedlich ein.

Bewusst leben

»Wenn ich noch einmal zu leben hätte ...« Die Sehnsucht eines Mannes, der mitten aus dem Leben, aus seiner Familie gerissen wurde, berührte uns sehr. Im Verlust eines Menschen realisieren wir oft erst unsere eigene Sterblichkeit. Dieses Wissen kann uns schwach und zerbrechlich machen – wir können daraus aber auch eine ungemeine Stärke ziehen, wenn wir uns der Einmaligkeit unseres Lebens bewusst werden. Die Konsequenz daraus ist, dass wir dieses Leben mit all seinen Höhen und Tiefen bewusst erleben wollen. Diese Stärke wird uns nicht nur helfen, im Leben besser zu bestehen – sie wird auch helfen, unsere Trauer als natürlichen Teil des Lebens zu begreifen und besser damit umzugehen. Sie wird uns auch helfen, Trauernden besser Halt geben zu können.

Es ist in jedem Fall und für jeden Menschen gut – ob als Trauernder oder als Trauerbegleiter –, sich mit der Frage zu beschäftigen: Was würde ich tun, wenn ich noch einmal zu leben hätte?

Sprechen wir über Ihren Tod

Was ist mit Ihnen? Was wäre, wenn Sie plötzlich vor derselben Situation stünden? Wenn Sie plötzlich Abschied nehmen müssten? Für immer. Gleich morgen. Sie merken: Allein der Gedanke tut schon weh. Es kostet so viel Kraft und Überwindung, an unser eigenes Ende zu denken. Selbst wenn es nur fiktiv ist. Wir wehren das ab. Wir lenken uns ab, wir verdrängen. Dennoch ist die Antwort auf diese Frage jetzt wichtig. Denn wenn Sie sie sich erst am Ende Ihres Lebens, angesichts des nahen Todes, stellen und viele versäumte Gelegenheiten und schmerzhafte Lücken nicht gelebten Lebens entdecken müssten, hätten Sie verloren. Ziehen Sie besser schon heute Bilanz.

Was können wir noch aus dem Schicksal dieses Mannes lernen, für uns und unsere Trauer, für die, die wir in ihrer Trauer begleiten sollen? Wir können versuchen, den Wert und den Sinn unseres Lebens wiederzuentdecken und »früher im Frühjahr ... barfuß gehen«. Wie war das noch, als wir jung waren? Wir haben jeden Tag als neues Abenteuer erlebt, als etwas Einmaliges, Schönes,

Unwiederbringliches. Nutzen Sie die Chance, dass Sie noch Zeit haben und die Kraft, Ihrem Leben neue, junge Impulse zu geben. Dass Sie falls nötig die Richtung ändern können. Dazu benötigen Sie einen Überblick, was Ihnen fehlt. Hier hilft die Übung »Die letzten Sekunden« (siehe S. 24f.).
Vielleicht macht Ihnen diese Übung bewusst, dass unser ganzes Leben aus einer Abfolge von Trennungen, Brüchen, Veränderungen und Verwandlungen besteht. Alles ist im Fluss, nichts von Bestand. Menschen, Orte und Ereignisse kommen und verschwinden wieder. In jeder Sekunde erleben wir einen Abschied: das Blatt, das fällt, der Sonnenstrahl, der für Sekunden durch das Fenster scheint. Ein Umzug. Die großen Abschiede, wenn eine Liebe geht. Eine Scheidung. Die Leere, wenn die Kinder aus dem Haus sind. Der Tod eines geliebten Menschen.
Wir müssen viel zurücklassen auf unserem Lebensweg; gleichzeitig gewinnen wir viel Neues, doch am Ende werden wir nichts mitnehmen. Die einzige Konstante inmitten all dieser Veränderungen sind wir, die wir das alles erleben und dabei oft sehr allein sind. Dennoch teilen wir dieses Drama mit allen Menschen auf dieser Welt. Wir alle teilen das Leben, das Leiden daran ebenso wie die Freude an Neuem.

Kein einziger Tag des Lebens vergeht ohne kleine und große Abschiede. Das Leben ist ein einziger großer Abschied – und ein stetes Willkommen.

Das letzte Fest – Abschied und Neuanfang

Wie gut wir mit Abschieden umgehen können, ob sie uns scheitern oder reifen lassen, wird über die Intensität und Qualität unseres Lebens entscheiden. Blicken wir immer nur zurück, zögern wir beim Fortschreiten oder begrüßen wir Wandel und Veränderung? Jeder Abschied, den wir am Ende mit guten Gefühlen begleiten und den wir angenommen haben, lehrt uns, das Leben intensiver auszuschöpfen. Der Wert eines gelungenen Abschieds zählt für uns umso mehr, wenn ein Mensch stirbt, den wir innig geliebt haben. Und wie könnte man einen Abschied, der nicht aufzuhalten und zu verhindern ist, besser gestalten als durch ein würdevolles, feierliches Fest? Bereiten Sie allem, von dem Sie getrennt werden oder von dem Sie sich trennen müssen, einen kraft- und zuversichtspendenden Abschied. Feiern Sie das letzte Fest!

Übung: Die letzten Sekunden

Für diese Übung sind die folgenden Voraussetzungen hilfreich:

- Ruhige Umgebung fern des Alltags
- Telefon ausschalten
- Zeitlichen und räumlichen Abstand schaffen
- Vorher langer Spaziergang in der Natur
- Tür zum Alltag abschließen, Alltagsärger abschütteln
- Einstimmung mit einem Ritual, etwa mit dem Anzünden einer Kerze
- Nichts erzwingen wollen, positive Herangehensweise, offen sein für die Bilder, die kommen
- Nicht bewerten, nur anschauen – Gedanken und Bilder, die auftauchen, wie Wolken am Himmel vorüberziehen lassen

Man sagt, wenn ein Mensch stirbt, zieht sein ganzes Leben noch einmal an seinem inneren Auge vorbei – eine Art Sekundenbilanz. Sie können diese Bilanz auch heute schon ziehen.

Setzen Sie sich bequem auf einen Stuhl – Sie können sich auch hinlegen –, legen Sie die Hände auf die Oberschenkel und schließen Sie die Augen. Gehen Sie nun auf die Reise. Schauen Sie in Ihr inneres Fotoalbum und staunen Sie, woran Sie sich alles erinnern. Gehen Sie zunächst in Ihre Kindheit zurück, so weit wie möglich, bis zu Ihren ersten Eindrücken. Welche Erinnerungen steigen auf? Düfte? Licht? Gehen Sie tiefer. Erinnern Sie sich noch an etwas, als Sie ein Baby waren? Was ist Ihre erste abrufbare Erinnerung? Die Sandkastenfreunde. Das erste Mal einen Strand und das Meer sehen und riechen. Oder die Berge. Spüren Sie noch einmal Ihre Gefühle beim ersten Schnee. Der erste Eiszapfen. Die Zuckerwatte und Lichterketten auf dem Jahrmarkt. Ihr erstes Weihnachten. Der Frühling. Die langen, heißen Sommer. Erdbeereis. Keuchhusten, Masern – die ersten ernsten Erkrankungen. Die Nähe geliebter Menschen.

Übung: Die letzten Sekunden

Verweilen Sie ruhig in diesen Erinnerungsräumen, wandern Sie umher.
Es gibt viel wiederzuentdecken. Unsere verschütteten Erinnerungen können sehr intensiv sein. Sie sind das, was von unserem bisher gelebten Leben abrufbar ist. Das, was uns geprägt hat. Fühlen Sie diese Kette von Bildern, Ereignissen, Erinnerungen, deren Summe Sie sind. Folgen Sie Ihrem weiteren Lebensweg. Lassen Sie sich Zeit, verweilen und vertiefen Sie. Betrachten Sie alles und jeden Moment mit Wohlwollen. Lassen Sie sich einfach durch all diese Bilder treiben. Wie Wolken ziehen die Erinnerungen über Sie hinweg. Nur anschauen – nicht festhalten. Erinnern Sie sich, wie vielen Menschen Sie während Ihrer bisherigen Lebensspanne schon begegnet sind – im Sandkasten, die ersten Freunde im Kindergarten, der erste Schultag, später im Beruf. Die erste Liebe. Familie. Heirat. Kinder. Denken Sie auch an all die Begegnungen, die nur kurz, aber so prägend waren, dass sie in Ihrer Erinnerung blieben. Welche Menschen waren das? Warum? An welche Gesichter erinnern Sie sich noch? Welche Namen? Welche Gefühle? Welche Worte? Welche Gerüche? Wo und wann verliert sich die Spur dieser Menschen wieder? Warum waren diese Begegnungen wichtig? Warum erinnern Sie sich noch so intensiv daran? Was hat Ihnen damals Angst gemacht – und wie unbedeutend erscheinen Ihnen diese Dinge vielleicht heute? Haben Sie Stärkung erfahren durch ihre Überwindung? Können Sie Ihren Lebensweg als einen Weg der Reifung begreifen? Wie haben Sie sich entwickelt? Nehmen Sie sich Zeit. Machen Sie diese Zeitreise, Sie werden staunen, was in diesem Wachtraum alles wieder aus dem Meer der Erinnerung auftaucht. Wenn Sie sich dem Heute nähern, gehen Sie mit einem entschlossenen Schritt aus diesen Bildern in Ihr Leben zurück, wann immer Sie wollen.
Machen Sie sich anschließend Notizen, was Sie besonders bewegt hat.

Leben Sie Ihr Leben

Ist Ihr Leben langweilig? Dann ändern Sie es. Verschwendetes Leben ist nicht zurückzuholen, Sie können es nur in der Gegenwart ändern und für die Zukunft positiv entwickeln. Stellen Sie sich dieser Frage deshalb so früh wie möglich – heute, jetzt. Was würden Sie ändern, was noch tun, wenn Sie noch einmal zu leben hätten? Das größte Drama, das Sie erleiden können, ist das nicht gelebte Leben am Ende Ihrer Tage. Ist es nicht viel schöner, wenn Sie am Ende zufrieden zurückblicken können auf ein Leben, das Sie mit allen Höhen und Tiefen, Siegen und Niederlagen bis zur Neige ausgekostet haben? Eigentlich sollten Sie in jeder Sekunde die Einmaligkeit Ihres Seins spüren. Sie sollten zumindest daran denken – vor allem aber danach handeln.

Sich mit dem Tod beschäftigen bedeutet leben lernen. Im Bewusstsein der eigenen Endlichkeit wird jeder Moment wertvoll. Sie glauben gar nicht, wie frei und glücklich diese Erkenntnis machen kann. Daraus kann die Motivation entstehen, jeden Augenblick, jeden Moment zu leben. Es nimmt die Angst vor dem Sterben, wenn der Tod als etwas Natürliches gesehen wird. Was für ein gutes Gefühl muss das sein, wenn nichts unerledigt blieb, Ihre Rückschau keine Fragen unbeantwortet lässt und das, was nicht erreicht werden konnte, mit einem Lächeln hingenommen werden kann – weil man zufrieden und mit sich im Reinen ist.

Den Tod einmal ganz persönlich nehmen

Kennen Sie einen Grund, warum wir uns zwar Monate im Voraus mit der Planung von Hochzeiten, Partys oder Reisen beschäftigen – nicht aber mit der sehr überschaubaren Dauer unseres Lebens und was wir damit anfangen wollen? Warum beschäftigen wir uns so wenig mit einem Ereignis, das uns todsicher ereilen wird? Wir hätten allen Grund, das rechtzeitig zu tun, solange wir noch bei

Kräften sind – geistig und körperlich. Es geht nicht nur um rechtliche Fragen wie das Testament, die Patientenverfügung oder die Erklärung zur Organspende. Es geht vor allem um essenzielle Fragen, die jeder Mensch nur für sich selbst beantworten kann.

Vom Sterben lernen – und intensiv leben

Der Tod ist und bleibt das größte Geheimnis unserer Existenz. Er ist für uns weitaus spektakulärer als unsere Zeugung oder die Geburt, von der wir normalerweise keine bewussten Erinnerungen abrufen können. Dem Tod könnten wir schließlich im vollen Bewusstsein entgegenleben, uns vorbereiten – auf unser Ende oder aber auf eine Reise ins Unbekannte. Doch wir vermeiden das. An Unangenehmes – vor allem an etwas so Finales wie den eigenen Tod – wollen wir nicht denken, das verdrängen wir gern.
Dabei wissen wir doch alle, dass wir sterben müssen. Je höher das Lebensalter, desto gewisser naht der Abschied. Wir wissen nur nicht, wann er kommt. Dieses Ungewisse ist eigentlich ein Grund mehr, sich um sein Leben und die vielen Abschiede darin zu kümmern. Wir sprechen hier von Lebensqualität und Lebensintensität. Vom Sterben lernen heißt leben lernen.

»Lasst Euch nicht betrügen! Das Leben wenig ist. Schlürft es in vollen Zügen! Es wird Euch nicht genügen, wenn Ihr es lassen müsst!« Bertolt Brecht

Ein Wunder auf Zeit

Wer sich seinen Tod angstfrei vergegenwärtigt, wird intensiver, achtsamer, reifer und mutiger leben lernen. Menschen, die eine schwere Krankheit oder eine Katastrophe überleben oder sogar eine Nahtoderfahrung haben, Menschen, die mitten im Leben intensiv mit dem Tod konfrontiert werden, haben nach der Krise meist eine viel positivere, ruhigere Einstellung zum Leben. Sie wissen dann, was für sie im Leben wirklich wichtig ist. Die Todeserfahrung bedeutet eine Zäsur, die alles Gewohnte im Leben zertrümmert und auf den Kopf stellt, damit wir es neu ordnen. Der Tod stellt uns Fragen nach dem Kern unseres Seins, nach dem Sinn und Zweck unseres Lebens – und immer will er wissen, ob und wie erfüllt wir gelebt haben, was wir versäumt haben, was wir vielleicht gutzumachen hätten. Und er fragt, ob wir noch die Kraft und den Willen haben, weiterzuleben und Änderungen einzuleiten.

Silvesterritual: Bewusst Abschied nehmen

Das Ziel dieser Übung besteht darin, sich persönliche Erfolge und »Misserfolge« – Situationen, die nicht gut waren – bewusst zu machen und sich dadurch die Möglichkeit zur Persönlichkeitsentwicklung zu schaffen.
Die Neujahrsnacht ist der ideale Zeitpunkt, sich von Altem zu verabschieden und Neues zu begrüßen. Mit diesem Silvesterritual können Sie das vergangene Jahr noch einmal auf sich wirken und Menschen sowie Ereignisse, die Ihnen wichtig waren, an sich vorüberziehen lassen. Versuchen Sie, in Worte zu fassen, was Ihnen von diesem Jahr bleibt. Notieren Sie ehrlich auf zwei verschiedenen Zetteln, was in diesem Jahr gut und was nicht gut war. Damit werden Sie im nächsten Jahr auf diese Dinge achten und können Ihre Persönlichkeit weiterentwickeln.
Bewahren Sie den Zettel mit den positiven Facetten Ihres Lebens gut auf – bis zum nächsten Silvester. Und lassen Sie das, was nicht gut war, im alten Jahr zurück – trennen Sie sich mit einer symbolischen Handlung bewusst davon. Sie können den Zettel mit dem, was Sie zurücklassen wollen, beispielsweise in einer großen Schale verbrennen und die Asche an die Natur zurückgeben. Schütten Sie sie an einen großen Baum, blasen Sie sie in den Wind. Die Natur wandelt es in ihrem ewigen Kreislauf um.

- Nehmen Sie sich Zeit, suchen Sie sich einen ruhigen Ort. Machen Sie es sich gemütlich, indem Sie z. B. eine Kerze anzünden.
- Nehmen Sie Papier und Stift zur Hand und ziehen Sie Bilanz: Notieren Sie auf dem ersten Zettel, was für Sie im letzten Jahr gut war und was Sie ins neue Jahr mitnehmen wollen (Begegnungen, Erlebnisse).
- Halten Sie auf einem zweiten Zettel fest, was nicht gut war und was Sie verabschieden wollen.
- Notieren Sie auf einem dritten Zettel Ihre Ziele für das neue Jahr.
- Seien Sie dabei ehrlich, bewusst und entschlossen.
- Beenden Sie Ihre Bilanz ganz bewusst, packen Sie die Sachen ordentlich wieder zusammen. Trennen Sie sich von dem zweiten Zettel (siehe oben) und bewahren Sie die beiden anderen Zettel bis zum nächsten Silvester auf.

Gehen Sie nun mit Ihren Freunden feiern – das Leben wartet auf Sie!

Jeder Tag ist ein guter Tag

Da es so hilfreich ist, sich die eigene Endlichkeit immer wieder vor Augen zu führen und damit die Scheinprobleme, die uns täglich am Glück hindern, in die Schranken zu verweisen, sollten wir uns diese wichtigen Erfahrungen aneignen und als Richtschnur für unseren weiteren Lebensweg übernehmen.
Tun Sie doch einfach einmal so, als ob. Als ob der morgige Tag Ihr letzter wäre. Ihre letzten 24 Stunden – und die 24 letzten Fragen an Ihr Leben. Es ist nur eine Übung (siehe S. 30f.), aber sicherlich keine leichte. Nehmen Sie sich die Zeit und konzentrieren Sie sich auf die Beantwortung der Fragen. Sie können diese kraftschenkende Reise jederzeit unterbrechen, Fragen überspringen, eigene, ganz neue Fragen ergänzen. Oder Sie beantworten die Fragen zusammen mit guten Freunden: Sie werden interessante, aufwühlende, bereichernde Gespräche führen und völlig neue Einsichten gewinnen. Sie werden sich neu kennenlernen – und Ihre Freunde auch.

Wer einmal den Tod überstanden hat – hat keine Angst mehr vor dem Leben. Der Tod hat seinen Schrecken verloren, das Leben jedoch an Bedeutung gewonnen. Begreifen Sie Ihr Leben wieder als Wunder auf Zeit.

Das Leben neu gestalten

Auf jeden Fall – das ist die einzige Bedingung – sollten Sie Ihre Antworten notieren und immer wieder lesen, verfeinern, verwerfen, neu gestalten. Wenn Sie einigermaßen zufrieden sind, legen Sie das Blatt Papier irgendwo ab. Holen Sie es dann nach längerer Zeit – am besten nach einem Jahr, vielleicht sogar in der Silvesternacht – wieder hervor und gehen Sie es durch. Sie werden staunen, was sich alles verändert hat! Sie werden bestimmt aber auch unveränderliche Konstanten finden. Mit der Zeit entsteht ein Plan, was zu ändern ist – und nach diesem Plan gestalten Sie Ihr Leben neu. Sie spüren plötzlich, wie kostbar und begrenzt Ihre Lebensspanne ist und mit wie viel Unwichtigem Sie Ihre Zeit vergeuden.
Diese Zeit ist Ihr Leben. Vielleicht werden Sie nun Ihre Einstellung zum Leben ändern und der Verschwendung Ihrer wertvollsten Ressource – Ihrer Lebenszeit – ein Ende setzen. Und keine Sorge, wenn sich plötzlich Abgründe auftun, weil Sie Versäumnisse feststellen: Das ist der erste bewusste Schritt, alles zielstrebig zu verbessern und aktiv anzugehen. Zum Glück haben Sie ja noch Zeit.

Meine letzten 24 Stunden und 24 Fragen an mein Leben

Stellen Sie sich vor, der morgige Tag seien die letzten 24 Stunden Ihres Lebens. Lesen Sie sich die folgenden 24 Fragen in Ruhe durch und beantworten Sie sie schriftlich. Schreiben Sie alles auf, auch spontane Einfälle, Unmögliches. Seien Sie tabulos und ehrlich zu sich selbst. Es wird eine lange Liste. Da wird so viel Schönes stehen, von dem Sie schon immer geträumt haben, das Sie aber nie zu tun wagten. Da wird vielleicht auch Schmerzhaftes stehen, Dinge, die Sie versäumt haben. Und die 25. und letzte Frage, die Sie sich dann stellen sollten, lautet: Warum habe ich das alles versäumt?

1. Was wäre nach Bedeutung geordnet Ihre Liste der wichtigsten Dinge, die Sie jetzt unbedingt noch erledigen müssten?
2. Welche drei Wünsche könnte Ihnen die gute Fee jetzt noch erfüllen?
3. »Dein Bild begleitet mein Leben und weicht mir nicht aus der Seele« ... Frei nach Caroline und Wilhelm von Humboldt: Wen würden Sie in Ihren letzten Stunden gern noch einmal sehen und was hätten Sie diesem Menschen mitzuteilen – etwas, was früher versäumt wurde?
4. Wenn Sie etwas mitnehmen könnten aus Ihrem Leben – etwas, das Ihnen so viel bedeutet, dass Sie es jemandem an einem fernen Ort in einer anderen Welt zeigen wollten – was wäre das?
5. Was von Ihnen, welche Eigenschaften, welche Eindrücke, sollen Ihre Familie, Ihre Kinder, Ihre Freunde, die Menschen, die Sie lieben, von Ihnen in Erinnerung behalten, wenn Sie gestorben sind?
6. Auf was für ein Leben wollen Sie zurückblicken, wenn Sie jetzt sterben müssten?
7. Welches sind die fünf tragenden Säulen – die fünf wichtigsten Menschen in Ihrem Leben? Welches sind die fünf Glaubenssätze – die fünf Umstände oder Menschen, die Sie am Glück hindern? Was trägt Sie – was drückt und hindert Sie in Ihrem Lebensglück?
8. Gibt es ein Grundthema, das Ihr Leben durchzieht? Warum ist das so?
9. Was würden Sie ändern, wenn Sie noch einmal zu leben hätten?

Meine letzten 24 Stunden und 24 Fragen an mein Leben

10. Was hätten Sie im Rückblick versäumt, um das zu erreichen, was Sie jetzt ändern würden?
11. Was davon können Sie jetzt sofort umsetzen und wiedergutmachen?
12. Was würden Sie nie wieder machen?
13. Was sind die schönsten Gefühle, Düfte, Begegnungen Ihrer Kindheit?
14. Welche Musikstücke verbinden Sie mit welchen intensiven Erinnerungen an Ihr Leben?
15. Was gibt Ihnen Kraft, jeden Morgen wieder aufzustehen – was macht den Sinn Ihres Lebens aus?
16. In welchen Momenten spüren Sie, wirklich zu leben – und was erfüllt Sie dann?
17. Was ist für Sie das vollkommene Glück?
18. Was wollen Sie tun, um diesen Zustand möglichst oft zu erreichen?
19. Wie möchten Sie sterben? Möchten Sie den Sekundentod sterben ohne jede Vorwarnung – oder mit genügend Zeit zur Vorbereitung auf den eigenen Tod?
20. Haben Sie Angst vor dem Sterben? Falls ja: Welche Ängste sind das?
21. Welche Vorstellung vom Sterbevorgang und einem möglichen Leben nach dem Tod haben Sie?
22. Wie und wo möchten Sie beerdigt werden?
23. Wie soll Ihre Beerdigung aussehen – was ist Ihnen wichtig, was symbolisiert Sie und Ihr Leben?
24. Was würden Sie Ihren Angehörigen als Ihre wichtigste Lebenserfahrung und als Ihre Botschaft weitergeben?

Wer sich über das Wesentliche seines Lebens im Klaren ist, trennt Wichtiges von Unwichtigem und festigt seine Persönlichkeit. Wer weiß, was er nicht will und was er wirklich liebt, kann auch besser entscheiden, wofür er trauert. Und er kann auch besser trösten – ja: vielleicht auch zufriedener sterben. Denn auch darum geht es in diesem Buch.

Trauern

Trauer ist der Weg zur Heilung

Weil wir wissen, in welcher Situation Sie jetzt in Ihrem Leben angekommen sind, möchten wir Sie mit diesen Zeilen persönlich ansprechen und bei Ihnen sein. Wenn Sie zuerst diesen Teil des Buchs aufgeschlagen haben, brauchen Sie vermutlich schnelle Hilfe. Das Wichtigste in diesem Augenblick ist, dass Sie fühlen und erkennen, dass Sie nicht allein sind. Ihnen steht jemand zur Seite, von dem Sie Unterstützung erwarten dürfen. Dieser zweite Teil des Buchs soll Ihnen helfen, die segensreiche Funktion der Trauer zu verstehen, sie für sich zu nutzen, Menschen zu finden, Rituale zu entdecken, die Sie hilfreich und achtsam in Ihrer Trauer begleiten. Wir wollen all unsere tiefen und jahrelangen Erfahrungen mit Ihnen teilen, damit Sie den für Sie richtigen Weg zu einer erfüllten Trauer finden können.

Wir möchten Ihnen den Weg zu einer heilsamen, sinnerfüllten Trauer aufzeigen.

Trauern als aktiver Prozess

Wir begleiten Sie – doch wir werden Sie nicht aus Ihrer Verantwortung entlassen, diesen Weg aktiv mitzugehen und selbst zu entscheiden, was für Ihren Trauerprozess gut ist. Niemand wird Sie dabei tragen. Nur so werden Sie später wieder lernen, ohne Hilfe den Weg selbst weiterzugehen. Doch was Sie tun können, was Sie ausprobieren können – das alles wiederum werden Sie von uns erfahren. In diesem Buch. Es kann Ihnen helfen, offen zu bleiben, sich nicht zu verschließen und Trauer als das zu durchleben, was sie wirklich bedeutet: als Heilungsprozess, der alles infrage stellt und sämtliche Antworten bei Ihnen sucht, denn nur einer kann Ihnen Antwort geben: Das sind Sie selbst. Nur Sie können spüren, was Ihnen wirklich hilft, aus dieser tiefen Krise zurück ins Leben zu finden und später von selbst den neuen Weg zu gehen. Hier geht es um Ihr Leben und den Menschen, um den Sie trauern.

Übung: Erlaubnis, sich seinen Gefühlen zu öffnen

- Erlauben Sie es sich, Ihren Gefühlen freien Lauf zu lassen. Geben Sie sich die Erlaubnis zu weinen.
- Erlauben Sie Ihren Zorn, der sich aus dem Gefühl der Ungerechtigkeit, aus Schuldzuweisungen oder aus Schuldgefühlen speist. Geben Sie sich die Erlaubnis, »echt« sein zu dürfen.
- Erlauben Sie es sich, Ihre emotionalen Grenzen zu erkennen und anzunehmen. Erlauben Sie es sich auch, Menschen zu meiden, die intolerant und ungeduldig sind. Geben Sie sich die Erlaubnis zum Rückzug.
- Erlauben Sie es sich, immer über Ihre Trauer und den Verlust sprechen zu können. Geben Sie sich die Erlaubnis zum Reden.
- Erlauben Sie es sich zu schweigen, wenn Ihnen nicht zum Reden zumute ist. Geben Sie sich die Erlaubnis zum Schweigen.
- Erlauben Sie es sich, nicht immer tapfer sein zu müssen. Geben Sie sich die Erlaubnis, Angst haben zu dürfen.
- Erlauben Sie es sich, sich Ihre Trauer nicht vorschreiben zu lassen. Geben Sie sich die Erlaubnis zur Trauer.
- Erlauben Sie es sich, Ihre Erinnerungen zu hüten wie einen Schatz: die Haarlocke, den Fußabdruck, eine getrocknete Rose, Fotos, Kleidung; erlauben Sie es sich, das Zimmer nicht zu verändern. Geben Sie sich die Erlaubnis zum Erinnern.
- Erlauben Sie es sich, sich stets etwas Gutes zu tun. Geben Sie sich die Erlaubnis zum Wohlfühlen.
- Erlauben Sie es sich, zu lachen und fröhlich zu sein, wenn Ihnen danach zumute ist. Geben Sie sich die Erlaubnis zur Freude.
- Erlauben Sie es sich, Ihre Zukunft zu planen. Geben Sie sich die Erlaubnis, sich wieder etwas vom Leben wünschen zu dürfen. Sie haben das Recht, wieder glücklich zu sein!

Wenn Sie verstehen, dass …

- … Sie sich in der intensiven Trauer selbst alle Freiheiten schenken müssen und nicht nehmen lassen dürfen …
- … Sie Ihren Gefühlen vertrauen und sich ihnen öffnen können, sich ihnen aber nicht verschließen dürfen …
- … Gefühle zulassen und ausleben Bedingung einer Trauer ist, die heilen kann …

… dann haben Sie schon eine der wichtigsten Entscheidungen für den richtigen Trauerweg getroffen, den Sie erfolgreich durchlaufen werden.

Chanten – die heilsame Kraft des Singens

In der Trauer ist es wichtig, ins Gleichgewicht zurückzukommen, die eigene Mitte wieder zu finden. Dazu müssen wir gut auf uns achten und Hilfe annehmen, die uns unterstützt und guttut. Singen ist eine solche Hilfe, die guttut, denn Singen heilt – ob allein oder im Chor gemeinsam mit anderen. Bei AETAS bieten wir regelmäßig »Chanten – Singen mit Trauernden« als Nachsorgekurs für Trauernde an.

Durch Chanten können schmerzliche Gefühle der Trauer und des Verlusts einen heilsamen Ausdruck bekommen.

Wer singt, kann für den Moment quälende Gedanken ausschalten und Entspannung finden, weil er sich auf die Musik und den Gesang konzentriert. Singen regt die Tiefenentspannung an und lindert viele vegetative Beschwerden der Trauer, wie Nervosität, Ruhelosigkeit und Übelkeit. Durch den Gesang öffnet sich Ihr Herz, und die Melodie hilft Ihnen, Ihre Gefühle wieder besser wahrzunehmen – und vor allem: Ihren Gefühlen auf ganz natürliche Weise einen Ausdruck zu geben und sie damit aus sich herauszuholen.

Eine kleine Geschichte

Eine kleine Stadt in Russland wurde einmal von vielerlei Unheil heimgesucht. Irgendetwas schien das Leben der sonst so glücklichen Dorfbewohner aus dem Gleichgewicht gebracht zu haben. Und so riefen sie den Rabbi, den sie mit Ungeduld erwarteten. Am Abend vor seinem Eintreffen versammelte sich das ganze Dorf im

Gasthaus, um zu beratschlagen, was man den Rabbi fragen könnte, um ihn auf die Spur des Unheils zu bringen. Das gab ein großes Durcheinander, und heftige Worte flogen hin und her. Der Unfrieden war mit Händen greifbar, und verstört gingen die Dorfbewohner wieder nach Hause.

Als der Rabbi am nächsten Tag vor die Dorfgemeinschaft trat, spürte er, welcher Druck auf allen lastete und wie sehr sie sich wünschten, dass das Unheil wieder von ihnen lassen möge. Er stellte sich vor sie hin – und tat nichts. Er senkte den Blick, als würde er in einen tiefen Schlaf versinken, und schwieg. Man hätte eine Stecknadel fallen hören können, so still waren die Dorfbewohner plötzlich. Dann hob der Rabbi langsam wieder den Blick und begann, eine schwermütige, aber ganz einfache Melodie zu summen. Zunächst ganz leise, dann ein bisschen lauter. Und da er nicht aufhörte und die Melodie so einfach war, summten bald alle mit. Nun begann der Rabbi, laut zu singen, und alle sangen mit. Er wiegte seinen Körper rhythmisch zur Musik und tanzte mit einer Feierlichkeit, die die Bewohner in Begeisterung versetzte. Alle taten es ihm nach. Sie sangen und wiegten ihre Körper im Gleichklang.

Singen ist eine sehr urtümliche Form des sprachlichen Ausdrucks, die Emotionen freisetzen und somit heilsam sein kann.

Bald lösten sich die einzelnen Menschen mit ihren Sorgen und Ängsten in der Gemeinschaft einer tanzenden Menge auf. So eins waren die Menschen mit sich und miteinander, dass sie alles um sich herum vergaßen. Sie konnten sich im Tanzen und Singen wiederfinden und fanden, was sie verloren hatten. Über eine Stunde ging das so, und am Ende standen alle Dorfbewohner um den Rabbi herum, erschöpft, mit rot erhitzten Gesichtern, aber selig vor Glück, und konnten ihr Staunen kaum fassen. Sie umarmten sich und weinten vor Freude über den Frieden, der sich in ihnen ausgebreitet hatte. Der Rabbi ging, ohne ein Wort zu sagen. Er summte nur seine Melodie. Das Unheil aber war von diesem Tag an im Dorf wie durch ein Wunder spurlos verschwunden.

Singen schafft Gemeinsamkeit

Es ist wissenschaftlich erwiesen, dass Singen Gruppen harmonisieren kann – allein dadurch, dass alle denselben Text singen und sich auf dieselbe Melodie einlassen. Wenn mein Nachbar dasselbe singt wie ich und sich im Rhythmus derselben Musik bewegt, entsteht Gleichklang, und die Unterschiede, die uns vorher getrennt haben, wirken plötzlich kleiner. Durch das Mitgehen im Rhythmus lockern sich verspannte Gliedmaßen, und durch das tiefe Ein- und Ausatmen beim Singen gelangt mehr Sauerstoff ins Blut, der sich harmonisierend auf Blutdruck und Kreislauf auswirkt.

Chanten macht glücklich

In seiner besonderen Form, dem Chanten – dem intensiven und meditativen Singen mantra-ähnlicher Entspannungstexte –, fördert Singen den Schlaf und stärkt die Abwehrkräfte. Glückshormone und körpereigene Abwehrstoffe werden ausgeschüttet, womit das Singen ein hochwirksames Antidepressivum ist und das Immunsystem stärkt. Neueste wissenschaftliche Studien verweisen auf einen deutlichen Zusammenhang zwischen dem Singen und der Senkung des Blutdrucks, der Senkung des Adrenalinspiegels, der Verbesserung der Sauerstoffaufnahme im Blut, der Förderung der Verdauung und vielen anderen positiven Wirkungen, die die Entspannung auch auf das Seelenleben hat.

Chanten fördert darüber hinaus das Gemeinschaftsgefühl und kann somit den Trauernden aus seiner Isolation holen.

- Chanten setzt Glückshormone frei.
- Chanten ist eine Wohltat für Körper, Geist und Seele.
- Chanten entspannt und schenkt gute Laune und Freude.
- Chanten öffnet das Herz und lässt Gefühle wahrnehmen.
- Chanten ist eine Entdeckungsreise zur eigenen Stimme.
- Chanten steht Ihnen jederzeit und überall kostenlos zur Verfügung. Sie brauchen dafür keine »Ausrüstung«.
- Chanten steigert das Selbstbewusstsein und damit Ausstrahlungskraft und Attraktivität.
- Chanten fördert den Schlaf und stärkt die Abwehrkräfte.
- Chanten regt die Tiefenentspannung an und lindert somit zahlreiche vegetative Beschwerden wie etwa Nervosität oder Übelkeit.
- Chanten ist ein wirkungsvolles Antistress- und Anti-Aging-Mittel.
- Beim Chanten können Sie Ihren Gefühlen auf ganz natürliche und ursprüngliche Art und Weise Ausdruck verleihen.

Trauer ist keine Krankheit

Die ausdrückliche Erlaubnis, trauern zu dürfen, wie sie in der Übung auf Seite 34 beschrieben ist, hat einen ganz simplen Hintergrund. Diesen Hintergrund sollte jeder wissen, bevor er sich anschickt, seinen Verlustschmerz mit aller Gewalt zu unterdrücken. Trauern ist keine Krankheit – Nichttrauern aber macht krank! Trauern können wir nur um etwas, das wir sehr geliebt haben – sonst wäre uns der Verlust egal. Nur weil wir fühlen und lieben und leben, spüren wir Trauer. Ein Mensch, der trauert, lebt. Und auch wenn uns der Beifall unseres sozialen Umfelds für so viel »Contenance« sicher sein dürfte: Es ist vollkommen falsch, seine Trauer zu unterdrücken, weil wir damit Leben unterdrücken.

Trauerverweigerung macht krank

Es hat nichts Heldenhaftes, sich zu beherrschen, die Tränen zurückzuhalten und scheinbar unberührt einen schweren Verlust »wegzustecken«. Schlimmer noch: Trauerverweigerung hat dramatische Folgen für unsere seelische und körperliche Gesundheit. Der Tod eines Menschen ist eine der intensivsten und schmerzhaftesten emotionalen Belastungen, die Menschen erfahren können. Es entstehen starke negative Gefühle, die krank machen, wenn wir ihnen kein Ventil verschaffen.

Die Psychoneuroimmunologie kann heute nachweisen, welche Bedeutung die fortwährende Negativbewertung unserer Lebensperspektiven durch unser Empfinden und Denken auf das Immunsystem hat. Körper und Seele werden durch die fehlende Entspannung fortdauernd mit Stresshormonen geflutet, was zu einer zunehmenden Erschöpfung und Schwächung unseres Immunsystems führt. Anhaltende negative Gefühle lösen chronischen Stress aus, die folgenden Herz-Kreislauf-Erkrankungen – auch Osteoporose,

Diabetes, sogar Demenz, hervorgerufen durch eine übermäßige Stressbelastung – können den frühzeitigen Tod bedeuten. Wer seine Trauer unterdrückt, nimmt langfristig Schaden und muss mit seelischen und ernsten körperlichen Störungen rechnen.

Trauer hat einen tieferen Sinn

Nach dem Tod eines geliebten Menschen müssen wir lernen, mit dem Verlust zu leben, indem wir ihn akzeptieren und in unser Leben integrieren. Das ist ein intensiver Prozess, der Zeit braucht. Und egal, wie weh das tut – nur der Weg durch diesen Schmerz wird Sie heilen. Es ist daher wichtig, dass Sie in all Ihrer Verletzlichkeit, Ihrer Orientierungslosigkeit und Ihrem Bemühen, das Chaos der Gefühle wieder zu beherrschen, wissen: Es ist nichts Falsches oder gar Krankhaftes daran zu trauern. Falsch ist nur, nicht zu trauern. Es ist gut, den Verlustschmerz zuzulassen, und nicht gut, ihn zu unterdrücken.

Was sich nach dem Tod eines geliebten Menschen in unserer Seele und unserem Körper abspielt, ist ein ganz natürlicher Prozess, den jeder Trauernde nach Kräften fördern sollte und unter keinen Umständen verhindern darf. Neueste wissenschaftliche Studien belegen, dass der Prozess des aktiven Trauerns essenziell ist, um nach einem schweren Verlust wieder ins Gleichgewicht zu kommen. Das bedeutet, dass wir unsere Trauer annehmen, sie ausleben und aktiv gestalten sollten.

»Gib Worte deinem Schmerz: Leid, das nicht spricht, presst das beladene Herz, bis dass es bricht.« Shakespeare, »Macbeth«

Wenn Sie heilsam trauern wollen, müssen Sie zunächst einmal den Mut finden, Ihren Gefühlen freien Lauf lassen ohne falsche Rücksicht auf die Erwartungen ihres Umfelds. Im zweiten Schritt sollten Sie beginnen, Ihre Trauer nicht tatenlos zu erleiden – sondern sie aktiv zu gestalten und als Prozess einer Neuorientierung Ihres Lebens anzunehmen. Wer sich seiner Trauer verweigert, verpasst seine Chance auf Heilung.

Den Schmerz nicht bekämpfen

Wenn Sie sich mit dem Hammer auf den Finger hauen, schreien Sie spontan auf; Sie wimmern und fluchen, weil es Ihnen wehtut – und jeder wird diese unkontrollierten Emotionen sofort verstehen, als wäre es der eigene Finger. Wie seltsam scheint es da, dass dieses mitfühlende Verständnis ausgerechnet dann nachlässt, wenn jemand gestorben ist, den man geliebt hat und noch liebt. Gerade hier, wo der Schmerz noch viel intensiver und nachhaltiger ist als bei einem Fehlschlag mit dem Hammer, sollen Sie Ihren Emotionen plötzlich keinen freien Lauf mehr lassen dürfen?

Weinen befreit Körper und Seele von Stressgiften, die durch negative Emotionen freigesetzt werden. Tränen sind ein wirkungsvoller Schutzmechanismus für Körper, Geist und Seele.

Ihre Trauer muss genauso heraus wie ein spontaner Schmerzensschrei – diese übermächtigen Gefühle gehören nicht nach drinnen. Das ist wie mit den Tränen: Die Natur hat sich etwas dabei gedacht, warum die Tränen nach außen laufen. Heilsam trauern muss sich mit der Einsicht verbinden, dass wir für eine Weile nicht perfekt funktionieren, dass wir den Erwartungen unserer Umgebung einmal nicht entsprechen. Es geht hier nicht um Haltungsnoten, den Grad unserer Selbstbeherrschung oder darum, was wir alles aushalten können – es geht schlicht um unsere Gesundheit und unser Seelenheil.

Deshalb wollen wir uns in der Trauer nicht von der Bewertung anderer Menschen abhängig machen. Wir müssen weinen, schreien, uns die Haare raufen dürfen, wann immer wir die Notwendigkeit dazu verspüren. Es kommt für jeden Trauernden darauf an, dass er wieder lernt, seinem Körper zu vertrauen, damit seine Gefühle den Ausdruck bekommen, der in dieser Ausnahmesituation der einzig angemessene ist. Kein Eindruck ohne Ausdruck. Wir machen jedem Trauernden Mut, Gefühle zu zeigen und das, was nach außen will, nach außen zu lassen.

Der Schmerz hat eine Aufgabe

Um den Verlustschmerz zulassen zu können, dürfen Sie Ihren Trauerprozess nicht passiv durchleiden, sondern sollten ihn aktiv und im vollen Bewusstsein mitgestalten. Auf keinen Fall sollten Sie versuchen, Ihre Trauer zu betäuben, sei es mit Schlaftabletten, Psychopharmaka, Alkohol oder gar Drogen. Je länger wir uns gegen unsere Gefühle sperren, desto mehr verlängern wir unseren Schmerz. Das potenziell Schädliche der Trauer kann erfolgreich nur über den Schmerz abgebaut werden.

Auch beim Schmerz hat sich die Natur etwas gedacht: Er meldet uns über Nervenbahnen, dass etwas nicht stimmt und dass Schaden eintreten wird, wenn wir nicht reagieren. Wenn Sie mit der Hand versehentlich auf eine heiße Herdplatte fassen, ist Schmerz die Folge – Sie ziehen Ihre Hand zurück. Natürlich könnten Sie die Hand auf der Herdplatte lassen und starke Schmerzmittel nehmen. Doch dann wird die Hand verbrennen. In ähnlicher Weise können Sie auch dem Schmerz der Trauer nicht durch fortwährende Betäubung entrinnen.

Lassen Sie Ihren Gefühlen freien Lauf, wenn Ihnen danach ist – und lassen Sie sich von niemandem sagen, wie viel Weinen angemessen ist. Das wissen Sie ganz allein. Alle negativen Gefühle, die Sie nicht nach außen tragen, gären in Ihrem Inneren weiter, härten aus und veröden alles Schöne. Den Schmerz herauszulassen kostet Zeit, Kraft und verlangt unsere ganze Aufmerksamkeit. Aber es heilt. Was wir zunächst als Einschränkung unserer Lebensfunktionen und unseres Lebensmutes erleben, ist in Wirklichkeit ein ganz natürlicher und sehr sinnvoller Schutzmechanismus unseres Körpers, der uns helfen soll, einen tiefen Schock zu verarbeiten.

Sie dürfen nicht nur weinen – wir fordern Sie ausdrücklich dazu auf, Ihren Tränen freien Lauf zu lassen. Weinen ausdrücklich erwünscht!

Weinen ausdrücklich erlaubt!

Zur Trauer gehört auch das Weinen. Leider wird das Weinen in unserem Kulturkreis immer noch viel zu oft negativ bewertet. »Ein Indianer kennt keinen Schmerz!« lautet das Motto, obwohl medizinisch nachgewiesen ist, wie wichtig Tränen und Gefühle für den Heilungsprozess der Trauer sind. Uns erstaunt es bei unseren Gesprächen immer wieder, wie oft die Betroffenen einen Anstoß oder gar die »Erlaubnis« zur Entfaltung ihrer individuellen Trauer brauchen. Wie häufig haben wir in unserer Trauerbegleitung Menschen vor uns sitzen, die mit den Tränen kämpfen und dann sagen: »Entschuldigen Sie, dass ich jetzt weine. Können wir später weitermachen?« Dann antwortet Nicole immer: »Sie sind gut – Sie erzählen mir gerade, Ihre Frau sei gestern Abend gestorben und wie lieb Sie Ihre Frau hatten. Wenn Sie jetzt nicht Grund zum Weinen haben, wann dann?« Die meisten sehen Nicole dann unvermittelt an, verlieren mit einem Mal ihre gedrückte Haltung und sagen, meist schon mit einem kleinen Lächeln: »Sie haben ja recht.« Dann fließen die Tränen, und oft genug weint Nicole mit. Weil es sie berührt und weil sie weiß, wie gut es tut zu weinen.

Menschen, die selten weinen, leiden häufiger an Herz-Kreislauf-Problemen, Magenverstimmungen und Burnout.

Tränen heilen

Menschen, die weinen, sind alles andere als schwach. Wer Gefühle zeigen kann, ist stark, auch wenn er sich selbst in diesem Moment schwach fühlt. Jeder, der schon einmal den Mut hatte, seinen Tränen freien Lauf zu lassen, kennt das Gefühl: Irgendwann kommt der Punkt, an dem man von selbst wieder ruhig wird. Trotz der Erschöpfung kann ich mir meiner Gefühle bewusst werden und erkenne sie – und dadurch mich – an. Es ist das Gegenteil von Verdrängung, nämlich die Bewusstmachung. Alle Blockaden wurden aufgeweicht, man fühlt sich gereinigt und gestärkt. Wie nach einem Sommergewitter an einem schwülen Tag. Tränen entfalten eine unglaublich positive Schutzfunktion in unserem Trauerprozess, die den wenigsten Menschen bekannt zu sein scheint.

Trauer hört nie auf – sie verändert sich lediglich

Noch etwas Wichtiges müssen wir verstehen: Trauer hört nie auf – wie eine unerfüllbare Sehnsucht wird sie uns immer wieder unvermittelt treffen. Das ist zunächst eine unangenehme Wahrheit, die schmerzt. Wenn man einen Menschen verliert, den man sehr liebt,

Tränen – kleine Wunderwerke der Natur

- Eine einzige Träne wiegt zwar nur 15 Milligramm – und ist damit viermal so leicht wie eine Schneeflocke –, doch sie ist ein Wunderwerk der Natur.
- Im Alltag bewahren Tränen unsere Augen vor dem Austrocknen; sie schwemmen Staubkörner heraus und versorgen die Augen mit Nährstoffen wie Kalium, Kalzium und Mangan.
- Amerikanischen Studien zufolge weinen nur 55 Prozent der Männer einmal im Monat – Frauen mit 94 Prozent dagegen doppelt so viel. Dafür ist allerdings nicht die Erziehung verantwortlich, sondern es sind die Hormone.
- Weibliche Tränen sind um ein halbes Grad wärmer als männliche, sie sind geschmeidiger und kullern schneller.
- Frauentränen senken bei Männern den Testosteronspiegel und hemmen damit deren Aggressivität. Auch wenn Babys weinen, werden Mitgefühl und Beschützerreflexe ausgelöst. Weinen verbindet die Menschen.
- Wir weinen nicht nur aus körperlichem Schmerz, aus Angst und vor Wut – wir weinen auch, wenn es uns besonders gut geht. Wir weinen vor Freude, aus Liebe und aus Rührung.
- Emotional geweinte Tränen lösen die Ausschüttung körpereigener heilender Substanzen aus, etwa die Ausschüttung von Antistresshormonen.
- Beim hemmungslosen Weinen werden über 80 Muskeln im ganzen Körper bewegt – beim Küssen sind es gerade einmal 30. Weinen lockert Verspannungen und löst Verkrampfungen.
- Tränen spülen den Kummer einfach fort. Sie kühlen das überhitzte Nervensystem und sind »Löschwasser« für unsere brennende Seele.

ist das wie eine gewaltsame Trennung. Wenn die Wunde nicht versorgt wird, verblutet der Trauernde. Wird alles medizinisch Notwendige unternommen, heilt die Wunde, und der Trauernde kann trotz der schweren Verletzung weiterleben. Die Narbe dieser Wunde aber bleibt Teil des Körpers und wird für immer sichtbar und spürbar sein.

Die Narben schmerzen und pulsieren, wie bei einem Wetterumschwung, und ganz unvermittelt ist man wieder in der Trauer. Der Anlass dafür kommt aus dem Nichts: »Schau mal, der sieht aus wie mein Bruder«, oder: »Das Baby lächelt wie mein Sohn damals«.
Die Erinnerung ist immer wieder plötzlich präsent – mal macht sie traurig, mal nicht. Immer jedoch berührt sie uns. Und deshalb ist es ganz natürlich, dass Menschen plötzlich einfach weinen, wenn sie z. B. im Radio ein Lied hören, das sie an einen besonderen Moment mit dem Verstorbenen erinnert. In einem solchen Moment ist Trauer wichtig und darf auch sein – und sei der Tod noch so lange her. Wenn die Trauer einen guten Verlauf genommen hat, wird sie uns in diesem Augenblick nicht mehr überwältigen – aber sie ist und bleibt ein Teil unseres Lebens.

Immer wieder hören wir Jahre nach dem Tod eines Kindes die Eltern sagen: »Mein Sohn wäre heute zehn, was er jetzt wohl machen würde? Was hätten wir jetzt nicht alles schon zusammen erlebt?«

Trauer als Teil des Lebens

Der Verlustschmerz schlägt so große Wunden, dass die Narben für den Rest unseres Lebens immer wieder schmerzen werden. Nun mag mancher denken, wenn Trauer nie aufhört und immer wieder schmerzen wird, dann ist es doch besser, wenn ich sie gar nicht erst zulasse?
Nein, genau das wäre grundfalsch. Niemand kann seine Trauer auf Dauer verdrängen, dafür ist sie zu elementar. Je früher wir mit dieser Wahrheit umgehen lernen, desto schneller werden wir es schaffen, dass uns die Trauer nicht bei jedem neuen Schub wieder aus der Bahn wirft. Es gibt einen Weg, mit diesem Schmerz umzugehen: Wir müssen lernen, die Trauer in unser Leben zu integrieren – ohne gegen sie ankämpfen zu müssen.
In diesem Zusammenhang sind die ersten Tage zwischen Todesnachricht und Beerdigung besonders wichtig: Hier gilt es, aktiv zu werden und den Gefühlen Raum zu geben. Wenn Trauer zugelassen wurde und der Trauerprozess gut verlaufen ist, werden die Intervalle zwischen den Trauerschüben mit der Zeit länger, und die Trauer selbst wird weniger intensiv sein. Ein gutes Zeichen ist es z. B., wenn wir später ohne den Impuls, weinen zu müssen, anderen Menschen unsere Gefühle und das Geschehen beim Tod unse-

res Verstorbenen erzählen können. Wehmütig und berührt zwar, aber ohne, dass uns der Schmerz aus der Bahn wirft. Wenn uns das gelingt, ist alles auf einem guten Weg. Wir haben den Verlust angenommen und den Tod des Angehörigen in unser Leben eingebunden.

Weg der Trauer, Weg der Reife

Ein gesunder Trauerverlauf beinhaltet die Fähigkeit, aus den Erfahrungen zu erkennen, wie sich Leben, Umgebung und Freundeskreis verändert haben, wo neue Lebensziele aufgetaucht sind, was wirklich wichtig ist im Leben. Diese Erkenntnisse bedeuten, dass wir eine extreme Veränderung in unserem Leben bewältigt haben. Auf dem Weg der Trauer können wir lernen zu reifen. Der Tod ist der Moment, in dem uns das Leben wieder zu sich rufen kann, wenn wir zu lange im Alltagsstress verdrängt und vergessen hatten, wie verletzlich und einmalig dieses Leben ist. Wir können versuchen, im Verlust auch eine Chance zu erkennen.

Dazu müssen wir radikal umdenken. Trauer ist kein Gegner, den wir, wo immer möglich, unterdrücken müssten. Trauer ist ein Helfer auf einem langen Weg der Veränderung, den wir willkommen heißen sollten. Nur in einem gesunden Trauerprozess, der einem Zeit lässt und Raum für Gefühle schafft, können wir diese Wandlung erreichen, den Verlust annehmen und ins Leben zurückfinden. Trauer ist damit viel wichtiger für uns Menschen, als die meisten wissen. Gegen die Trauer und gegen unsere Gefühle zu kämpfen bedeutet, gegen uns selbst zu kämpfen.

Die Trauer in das Leben zu integrieren ist die Basis, auf der der Trauernde beginnen kann, sich auf die veränderte Situation einzustellen und seinem Leben neue Impulse zu geben. Er muss nicht im Schmerz erstarren.

Die Zeiten der Trauer

Die nächste Wahrheit über die Trauer ist: Trauer ist ein Prozess, an dem wir wachsen oder scheitern können. Trauerforscher wie etwa Elisabeth Kübler-Ross, John Bowlby oder Verena Kast haben in den letzten Jahren Modelle entwickelt und beschrieben, wie Trauerprozesse verlaufen können. Wir möchten sie hier aufgrund unserer langjährigen Erfahrung mit Betroffenen die Zeiten der Trauer nennen.

Warum Zeiten der Trauer? Nicht, weil die Trauer eine bestimmte Zeit zu dauern hat und dann abgeschlossen ist. Der Trugschluss, es abschließen und beenden zu können, ist für Menschen, die einen Schicksalsschlag erleben müssen, keine große Hilfe. Im Gegenteil: Es setzt sie unter Druck, etwas »abarbeiten« zu müssen; man trauert, und irgendwann ist es beendet, und alles ist wieder gut. Die Trauer um einen geliebten Menschen wird aber nie enden oder abgeschlossen sein – Sie können sie nur in Ihr Leben integrieren. Die Einteilung in verschiedene Zeiten soll Ihnen eine Orientierungshilfe bieten, die in diesem Ausnahmezustand aufkommenden Gefühle zu erkennen und zu verstehen.

Am Anfang steht der Schock

Bricht der Tod mit aller Gewalt und plötzlich in unser Leben, zerschlägt er unser gewohntes Spiegelbild in Tausende von Splittern, die wir in den kommenden Wochen und Monaten mühsam wieder zu einem Selbstbild zusammensetzen müssen. Der Angehörige steht unter Schock. Die Nachricht des Todes löst diese Schockreaktion aus, die alles infrage stellt, was uns bisher als vertraut und sicher erschien.

Zeit der Verleugnung

»Das ist nicht wahr – nein, es ist nur ein Albtraum!« Wer einen Menschen verliert, verliert von einer Sekunde auf die andere auch den

Boden unter den Füßen. Immer wieder hören wir Beschreibungen wie diese: »Es zog mir die Füße weg«, »Ich glaubte, in ein tiefes Loch zu fallen«, »Ich stand außer mir und sah mich selbst wie in einem schlechten Film, als wäre ich es gar nicht«. Und so schildern die meisten ihre Reaktionen, als die Todesnachricht kam: »Da standen Menschen vor mir, die mich wie aus weiter Ferne schüttelten und wie durch Watte gedimmt mit mir sprachen. Aber kein Wort davon kam wirklich bei mir an.«

Panik, totale Einsamkeit, Hoffnungslosigkeit und ein abgrundtiefer Schmerz erfassen den Betroffenen: »Es war, als würde mir das Herz herausgerissen.« In diesem Schockzustand ist kein Mensch zu Entscheidungen in der Lage. Es ist wie ein »Blackout« nach einem Blitzeinschlag. Und genau so beschreiben es Betroffene auch immer wieder: »Es traf mich wie der Blitz.« Die Nachricht des Todes ist der Stich tief ins Herz. Ein Schmerz, als würden wir selbst sterben in diesem Moment.

Wenn der Tod ins Leben einbricht, stellt er alles Gewohnte und Vertraute auf den Kopf. Er beraubt uns unserer Sicherheit.

Dieser Schockzustand hält bei jedem Menschen unterschiedlich lange an; er ist umso dramatischer, wenn der Tod des Angehörigen überraschend kam, wenn wir keine Zeit hatten, uns darauf vorzubereiten. Den Schockzustand zu überwinden ist die erste Station auf dem Weg der Trauer.

Traueraufgabe
Den Verlust begreifen, den tiefen Fall aufhalten –
Boden unter den Füßen zurückgewinnen, Zeit finden,
langsam nur begreifen: »Ja, es ist da, es ist mir passiert.
Es ist geschehen. Und ich kann nichts mehr dagegen tun.«
Sich selbst schützen.

Zeit der Verzweiflung

Diese Zeit ist durch extreme Emotionen geprägt: Schuldzuweisungen, Schuldgefühle, Wut, Hass, Misstrauen, ein Sichaufbäumen gegen das Schicksal, gegen das eigene Schicksal und gegen das Schicksal des Verstorbenen. Kampf und Raserei. Man fragt sich: Warum gerade ich? Verzweiflung, Hoffnungslosigkeit, Bitterkeit, aber auch Wut packen einen. Wut auf sich. Auf die ganze Welt. Selbst auf den Toten. »Hundert Mal habe ich ihm doch gesagt, er soll nicht so schnell fahren!«

Wer trauert, sucht nach Erklärungen, Gründen, nach Verantwortlichen, nach Schuldigen für den Tod: »Die Ärzte haben versagt und nicht richtig geholfen, da wurden doch Fehler gemacht!« Wer wollte beispielsweise Eltern, die gerade ihr Kind verloren haben, diese Gefühlslage verbieten? Es ist der verzweifelte Versuch, sinnlos Scheinendem einen Sinn zu geben. Weil das nicht gelingen kann, kommt die Wut – sogar auf Gott: »Wo warst du? Warum hast du nicht geholfen?« Wer glaubt, erfährt Unglauben und Bitterkeit: »Was nur habe ich getan? Womit habe ich das nur verdient? Wofür muss ich so büßen?«

Es ist ungeheuer wichtig für den Trauerprozess, sich den extremen Emotionen zu stellen, die der Tod eines geliebten Menschen hervorruft.

Es kommt die Wut auf das ganze Schicksal, Wut auf die Ungerechtigkeit, das Unverständnis, warum es einen selbst getroffen hat und andere nicht: »Warum passiert gerade mir das im Leben – warum dürfen alle anderen Menschen noch glücklich sein?« In diese Phase fallen alle Gefühle in all ihren Extremen.

Auf dem Weg fortschreiten

Es klingt zunächst unbegreiflich, doch durch welche Gefühlsstürme der Trauernde in diesen Tagen auch geht, all das sind ganz normale Reaktionen auf einen schweren Verlust. Leben Sie diese Gefühle unbedingt aus. Lassen Sie ihnen viel Raum. Nutzen Sie die sich dabei entfaltende Energie. Die Gefühle werden nicht von Dauer sein.

Es gibt auch Trauernde, die ganz still werden, nicht mehr ansprechbar sind, gewissermaßen auf einen kleinen Kern zusammenschmelzen. Ein schwarzes Loch des Schweigens, in das niemand mehr hineinschauen kann.

Für den Verlauf entscheidend ist, wie stabil die persönliche Situation des Trauernden vorher war. War er in der Beziehung eher selbstständig und gleichberechtigt oder emotional und materiell stark abhängig? Hat er schon andere Verlustsituationen gut überstanden? Die Zeit der Verzweiflung ist auf jeden Fall eine Phase, die alle Aufmerksamkeit der Angehörigen verlangt.

Traueraufgabe
Den Verlustschmerz spüren und durchleben,
Emotionen zulassen, Emotionen ausleben und durchleiden.
Vor allem nichts in sich hineinfressen. Dem Trauerschmerz
Raum geben, weinen, schreien, Emotionen rauslassen.
Dies ist auch die Zeit, in der der Trauernde langsam
seine Grenzen wiederfindet.

Zeit der Vereinsamung

Dies ist die dunkle, tiefe Phase der Trauer: Erschöpfung und Resignation überfallen den Trauernden. Die Wut erlahmt, der Wille, gegen das Schicksal anzukämpfen, hat kein Ziel gefunden. Der Trauernde verliert jeden Lebensmut, wird melancholisch, ist kraftlos, müde, fühlt sich wegen des geringsten Anlasses verletzt. In ihrer Trauer fühlen sich die Trauernden von niemandem verstanden. Nichts kann man ihnen recht machen. Es ist die Zeit der Einsamkeit. Viele haben das Gefühl, dass niemand ihnen helfen kann, das Unfassbare zu begreifen, dass niemand sie versteht. Viele Menschen verspüren eine Todessehnsucht, die Sehnsucht, dem Verstorbenen zu folgen; es besteht die Gefahr von Krankheit und Depression.

Nach dem Gefühlssturm kommt meist die Erschöpfung. In dieser Zeit fällt der Trauernde in ein tiefes, dunkles Loch.

Die gewaltsame Trennung hat eine tief greifende Veränderung aller gewohnten Lebensumstände ausgelöst. Nichts ist mehr so wie vorher, viele Menschen fühlen sich überfordert, dass sie ihr Leben plötzlich in völlig neue, unbekannte Bahnen lenken müssen und

einen neuen Lebensmittelpunkt für sich finden sollen. Viele – vor allem langjährige Partner – fragen sich, wozu das noch alles gut sein soll. Sie verlieren den Lebensmut und wollen nicht allein weiterleben. Der Verlust scheint unersetzbar. Eine Perspektive fehlt. Immer wieder taucht der Trauernde in Endlosschleifen aus Erinnerungen und Gefühlen ein. Er sucht die Orte wieder auf, an denen er schöne Stunden verlebt hat, sieht sich Fotos von damals an und versucht, das alte Leben zurückzuholen. Es sind gleich zwei Mammutaufgaben, die jede für sich schon enorme Kraft kostet: den Verlust eines Menschen zu realisieren und sich gleichzeitig neu zu finden. Ein doppelter Verlust an Identität.

Der Schmerz spielt in der Trauer eine entscheidende Rolle, da er den Trauernden immer wieder in die Wirklichkeit zurückholt. Lassen Sie ihn zu.

Vergebliches Sehnen und Hoffen

Die Wut geht langsam in Resignation über. Die Resignation wird immer wieder durchbrochen, weil plötzlich aus nichtigem Grund Hoffnung aufglimmt. Häufig passiert es im Halbdämmer nach dem Aufwachen. Für einige Sekunden erliegt man der Versuchung zu glauben, alles könnte nur ein böser Traum gewesen sein. Doch man greift neben sich, und das Bett ist leer. Das Gehirn beginnt zu tricksen, um den Schmerz zu dimmen. Vielleicht war alles nur eine Verwechslung?

Trauernde erfinden oft regelrechte Legenden, die sie über den Verlust hinwegtäuschen sollen. Der Tote habe sich nur ein paar Tage Auszeit genommen. Morgen werde er plötzlich wieder vor der Tür stehen. Aber er kommt nicht. Einige wollen ihren Angehörigen sogar für Sekunden in den Menschenmassen einer Fußgängerzone gesehen und wieder aus den Augen verloren haben. Es sind Wunschvorstellungen, die helfen, den Verlust zu verarbeiten.

Was an diesem Sehnen und Hoffen sollte nach einem so schweren Verlust nicht völlig natürlich und nur zu gut verständlich sein? Die Wirklichkeit wird den Trauernden am Ende immer wieder einholen und ihn zwingen, den Verlust endlich anzunehmen. Das geschieht in den seltensten Fällen freiwillig und durch gezielte Überlegung – sondern vor allem durch Schmerz. Der Schmerz über die immer wiederkehrenden Enttäuschungen nach einem solchen Selbstbetrug erleichtert am Ende den Übergang in die nächste Phase im

Trauerprozess. Die Niederlage und die eigene Zerbrechlichkeit vor der Macht des Todes werden in ihrem ganzen Ausmaß erkannt, die eigene Hilflosigkeit wird begriffen.

Es ist die labilste und gefährlichste Phase der Trauer. Das tiefe Tal, das wir durchwandern müssen. Bei einem gesunden Trauerverlauf ist sie gleichzeitig aber auch der Wendepunkt. Das entstandene Vakuum nach dem Zusammenbruch öffnet auch Raum für Neues. Der Trauernde erkennt, dass er einer Illusion aufgesessen ist, die keinen weiteren Trost spendet, und dass er jetzt aufbrechen und fortschreiten muss auf seinem Weg der Trauer.

Wenn das Nichtwahrhabenwollen, das Sichklammern an eine trügerische Hoffnung, das Zurechtlegen von Legenden und Ausreden in sich zusammenbricht, beginnt als vierte Station auf dem Trauerweg die schwierige Prüfung, sich der Wahrheit zu stellen und sie in das künftige Leben aufzunehmen.

Bei einem heilsam verlaufenden Trauerprozess ist der Tiefpunkt, die Vereinsamung, gleichzeitig auch der Wendepunkt, an dem das Leben für den Trauernden wieder möglich wird.

Traueraufgabe
Die Unterstützung und Nähe von Menschen zulassen, die uns guttun. Sich nicht verschließen. Offen bleiben. Gefühle herauslassen. Nicht verdrängen. Vom Vergangenen sprechen. Nicht versteinern. Und immer wieder reden, reden, reden, sich mitteilen über das, was in einem vorgeht. Wer spricht, begreift. Dies ist die Zeit, Blockaden zu lösen.

Zeit der Vergebung

Dies ist die Zeit der Loslösung. Der Trauernde hat zwei Möglichkeiten: sein Schicksal annehmen oder daran zerbrechen. Die Erschöpfung hält an, doch die Kräfte kehren allmählich zurück. Man kann beginnen, das Unabänderliche zu akzeptieren, auch wenn man es nicht wiedergutmachen kann. Eine Frau beschrieb ihren neuen Alltag so: »Ich frühstücke jetzt morgens allein, er ist ja nicht mehr da. Und doch ist er immer noch da: Ein kleines Geräusch aus der Küche, und ich zucke, es könnte ja sein wie früher, dass er noch kurz etwas holt – aber er kommt nicht. Ich lasse dieses Aufbäumen der Hoffnung nicht mehr zu; ich weiß es: Er kommt nie mehr wieder.« Tag für Tag wird die Erkenntnis deutlicher, dass der Verlust endgültig ist. Manchmal ruft man noch, ohne nachzudenken, nach dem Toten, um ihm etwas Wichtiges mitzuteilen – ein Irrtum, der im selben Moment das Erkennen beschleunigt.

Der Tod gibt keine Antworten

Alles in dieser Phase tut noch sehr weh. Doch Erinnern ist gut, weil es uns unmerklich hilft, den Verlust zu realisieren. Trauer ist wie Liebeskummer. Genauso schmerzhaft und ebenso von irritierenden Gefühlen begleitet. Es ist alles wieder unvermittelt da: die Intensität der Erinnerung, die Traurigkeit, die Wut der Enttäuschung, die Hoffnungslosigkeit. Die Trauernden suchen nach Rettung. Nach Antworten. Aber die kommen nicht. Der Tod gibt keine Antworten. Die muss jeder selbst finden auf seinem Weg durch die Trauer.

Ein sehr wichtiger Teil der Trauer ist die Erkenntnis, dass der Verlust endgültig ist. Damit stirbt die Hoffnung – gleichzeitig öffnet sich jedoch Raum für Neues.

Doch machen Sie sich bewusst: Irgendwann wird die Verzweiflung weniger brennen. Irgendwann kommt die Phase, in der die Verzweiflung durch Wehmut ersetzt wird. Man schafft es jetzt schon, sich auch einmal gemeinsam mit Angehörigen zu erinnern, ohne dass der Schmerz übermächtig wird: »Weißt du noch, das war am Geburtstag, die Bootsfahrt auf dem Chiemsee ...«

Dies ist die Zeit, in der sich langsam wieder auch Positives in den Vordergrund schiebt und den Schmerz lindert, eine Phase der Idealisierung, in der alles in einem unerreichbaren Glanz erscheint. Einerseits tut das weh – andererseits spenden diese schönen Erinnerungen auch Wärme und Zuversicht. Das kann einem keiner nehmen.

Hier beginnt langsam der Aufbruch: Wir verharren noch, blicken zurück, aber spüren unbestimmt, dass irgendetwas Neues kommen wird. Kommen muss. Die Suche in uns beginnt, das Sehnen nach Veränderung. Der dunkle Winter geht seinem Ende zu.

Traueraufgabe

Sich an ein Leben ohne den Verstorbenen anpassen. Nicht mehr sinnlos gegen sein Schicksal ankämpfen. Das Leben ohne Partner neu erfahren. Sich mit den veränderten Bedingungen versöhnen. Eigene Ideen, Möglichkeiten und neue Wege ertasten.

Zeit der Versöhnung

Die Zeit der Versöhnung bedeutet, dass der Verlust des geliebten Menschen in das eigene Leben integriert worden ist. Über das Zurückliegende kann offen gesprochen werden. Wir haben unser Leben wieder in die Hand genommen und gestalten es aktiv nach vorn gerichtet. Wir leiden nicht mehr ausschließlich – wir gestalten. Es findet eine Neuorientierung mit einem gewandelten Sein statt. Neue Beziehungen, ein veränderter Weltbezug. Endlich können wir unser Schicksal so annehmen, wie es ist.

Traueraufgabe
Nicht vergessen, sondern den Verstorbenen im Herzen behalten und den Verlust ins neue Leben integrieren – und aus der Kraft der Erfahrung das eigene Leben wieder mit Optimismus entwickeln.

Der Trauerweg ist kein leichter Weg. Wurde er bewusst beschritten, steht am Ende jedoch die Versöhnung – mit den Erinnerungen, mit dem Schicksal, mit sich selbst.

Jeder trauert anders

Die Einteilung in Zeiten der Trauer soll nichts vorschreiben oder bewerten – die Etappen variieren, die Übergänge sind fließend. Denn die Trauer hat so viele verschiedene Gesichter, wie es Menschen gibt, und jeder erlebt seine Trauer anders. Die Einteilung gibt uns lediglich eine Orientierung; wir müssen die Trauer als einen Prozess begreifen, der uns sehr fordern wird.

Die Trauer ist ein Abenteuer mit ungewissem Ausgang, und wir spielen darin die Hauptrolle. Der Weg ist voller Hindernisse, immenser Entbehrungen, Niederlagen, Enttäuschungen und Prüfungen, die unseren Durchhaltewillen auf eine harte Probe stellen. Auf diesem Weg werden wir aber auch neue Freunde finden und erkennen, was wirklich zählt im Leben. Im Laufe dieses schmerzhaften Prozesses kommt es zu unserer Läuterung, und mit ihr kommt das gute Gefühl, dass wir all diese Herausforderung heil überstanden haben und etwas Neues beginnt. Wir müssen diesen Ausnahmezustand zunächst akzeptieren lernen, dann seinen Verlauf verstehen – und mit diesem Wissen unseren Trauerweg aktiv beschreiten und gestalten lernen.

Anstoß zur aktiven Trauerarbeit

Verlustsituationen werden immer als chaotisch und bodenlos erlebt und rütteln an unserem Selbstverständnis, an allem, woran wir bisher geglaubt haben. Das liegt vor allem daran, dass die Macht der Ereignisse in die Selbstbestimmung und die Gestaltungsfreiheit unseres Lebens in einem Maße eingegriffen hat, wie wir es vorher nie erlebt haben. Wir sind nicht mehr Herr der Lage, wir fühlen uns getrieben und fremdbestimmt, wehrlos. Gerade jetzt, wo wir Stärke und Zuversicht bräuchten, fühlen wir uns besonders verletzlich und schwach.

Die vordringlichen Ziele der aktiven Trauerarbeit müssen deshalb die folgenden sein:

- Wiederherstellung des Selbstwertgefühls sowie der Eigenkompetenz
- Bereithaltung individueller Überlebensstrategien
- Aktivierung von Ressourcen
- Wecken guter Erinnerungen, die einen Weg zeigen, zur eigenen Mitte zurückzufinden

Tun statt Erleiden

Das Entscheidende ist, dass der Trauernde begreift, dass er nicht alles stumm erleiden und hinnehmen darf – sondern dass er ins Tun und Gestalten zurückfinden muss, bevor sich der Zustand der Resignation verfestigt. Tun statt Leiden bringt Bewegung ins Leben und verhindert endgültige Vereisung, Versteinerung oder Depression nach der ersten Schockstarre.

Der Trauerprozess darf kein passives Erleiden sein, bei dem der Trauernde antriebslos zuschaut, wie etwas mit ihm geschieht; stattdessen soll er selbst aktiv werden; der Erfolg, den er dabei erfährt, wird sein Selbstbewusstsein wieder stärken. Der Trauer-

prozess gelingt besser, wenn er aktiv als lebensbejahend erfahren und kreativ bewältigt werden kann. Dann wird aus der Trauer eine Lebenserfahrung, die uns bereichert – und uns nicht als Häufchen Elend zurücklässt. Wir brauchen viel Geduld dafür – der Trauerweg ist mühsam und anstrengend.
Wie wichtig der Ansatz der aktiven Trauerarbeit ist, sehen wir in unserer täglichen Arbeit mit Betroffenen, die den plötzlichen Tod eines geliebten Menschen oder sogar des eigenen Kindes zu verarbeiten haben. Für aktives, eigenständiges Handeln fehlt vielen Menschen gerade jetzt die Kraft. Wie also können wir in eine erfüllte Trauer finden? Wie überwinden wir die Blockaden, die das verhindern? Blockaden wie etwa die Scham, unseren Tränen freien Lauf zu lassen, unser Anspruch, niemandem zur Last zu fallen, unsere Angst vor der eigenen Kraft- und Hoffnungslosigkeit? Dabei helfen Rituale.

Man spricht von Trauerarbeit, weil Trauern einerseits sehr viel Kraft kostet, andererseits aber auch ein aktiver Prozess sein sollte, kein passives Erleiden.

Halt und Orientierung durch Rituale

Rituale sind als Begleiter in der Trauer und als Bestandteil der Trauerarbeit von unschätzbarem Wert. Durch Rituale kann unsere Trauer andere Ebenen des Empfindens erreichen, die für uns leichter erfahrbar sind. Auf den folgenden Seiten werden wir einige solcher Rituale vorstellen. Es sind Rituale des Abschieds. Wenn unsere Verlustgefühle so übermächtig sind, dass sie uns völlig lähmen, können Rituale Halt und Orientierung geben, gerade aufgrund ihrer klar definierten Abläufe. Rituale können Emotionen lösen und schaffen neue Möglichkeiten, Trauer sichtbar zu machen. Die Übung von Abschieds- und Trauerritualen hilft, dass wir uns dem Trauerprozess aktiv öffnen, weil tiefere Schichten in unserer Seele berührt werden.
Rituale des Abschieds haben folgende Aufgaben:

- Sie geben dem Schmerz Raum und unterdrücken ihn nicht. Der Schmerz kann einen Ausdruck finden.
- Sie bestätigen den Verlust und verschleiern ihn nicht.
- Sie unterstützen und öffnen den Ausdruck von Trauer.

- Sie sagen uns, was ist – und nicht, was sein soll.
- Sie bedeuten: Ich werde aktiv – ich komme zurück ins Tun und ins Gestalten.
- Sie schränken uns nicht durch strenge Regeln ein – sie fordern von uns, selbst herauszufinden, was uns guttut.

Schlüssel zum Unbewussten

Rituale wirken auf verschiedenen Ebenen, die der Trauernde momentan vielleicht gar nicht benennen kann. Wir finden sie in allen Kulturen, Erdteilen, in allen Religionen und Kulturstufen, seit es Menschen gibt. Irgendetwas scheint diesen Ritualen zugrunde zu liegen, das uns Menschen immer wieder auf sie zurückgreifen lässt. Vielleicht liegt der Schlüssel zu ihrem Verständnis in der besonderen Struktur unserer Seele, deren Energie wir nicht unmittelbar anschauen können, weil wir selbst ein Teil davon sind – oder sogar ganz darin aufgehen.

Durch Rituale kann das, was wir im Innersten fühlen, nach draußen gelangen. Durch die festgelegten Abläufe bewegen wir uns dabei in einem geschützten Raum.

Eine der wenigen Möglichkeiten, Zugang zu unseren inneren Seelenwelten zu finden, ist ihre »Übersetzung« in Emotionen. Mit ihren Gesten und Handlungen lösen Rituale blockierte Emotionen und schaffen neue Möglichkeiten, Krisen zu verarbeiten, in denen Worte allein die Trauernden nicht mehr oder noch nicht erreichen. Die Übung von Abschieds- und Trauerritualen hilft, dass wir uns dem Trauerprozess aktiv öffnen. Das Ritual bietet sich hierbei als Vermittler an, der die Vorgänge der Seele in bekannte Symbole und Empfindungen umwandelt und so erfahrbar macht.

So steht eine Brücke für den Übergang, ein Seil, das alle Teilnehmer eines Rituals in den Händen halten, symbolisiert Verbundenheit, der Kreis Zusammengehörigkeit und Schutz, ein Wanderstab den Aufbruch, eine Uhr die Strukturierung von Lebenszeit, eine Tür den Übergang zu etwas Unbekanntem. Diese bekannten Bilder helfen beim Verstehen. Rituale geben immer Struktur und bedienen sich dabei bekannter Muster, um Unbekanntes greifbar zu machen. Mit dem Ritual stellen wir eine Verbindung zwischen dem Innen und dem Außen her, indem sich das »Innerseelische« in unserer Wirklichkeit materialisieren kann. Rituale sind der Schlüssel zu unserer Seele – zu unserem Unterbewusstsein.

So funktionieren Rituale

Rituale sollen einen besonderen Zwischenraum schaffen, in dem sich unsere Gedanken entfalten können – und dazu müssen wir uns zunächst aus dem Alltag herausheben. Durch einen besonderen Platz, mit einem besonderen Symbol – durch eine besondere Handlung. Wir grenzen das Alltagsgeschehen deutlich von dem Raum ab, in dem das Ritual stattfinden soll – indem wir ihn symbolisch »reinigen«, mit Räucherwerk weihen, eine Kerze anzünden, eine Blume aufstellen, einen kleinen Altar bauen. Die Symbolik dieser Handlung spielt dabei eine große Rolle – wir suchen einen Platz, der für uns heilig sein soll. Das kann ein markanter Ort in der Natur sein – ein großer Baum, ein großer Stein, ein Waldsee – oder auch das Grab eines geliebten Menschen, an dem wir unser Ritual durchführen und zur Andacht finden. Es ist immer ein Kraftort, der uns stimuliert, an dem wir unser Alltagsbewusstsein ungestört hinter uns lassen, damit unsere Seele die Freiheit bekommt, sich losgelöst von allem wiederzufinden.

Symbole spielen bei Ritualen eine besondere Rolle; sie »übersetzen« das Innerseelische und machen das Unbekannte greifbar.

Zu den wichtigen Aspekten eines Rituals gehören die folgenden:

- Die Wiederholbarkeit – von Handlung, Form und Inhalt – schafft Vertrautheit.
- Das konkrete Tun – nicht nur das Denken oder Aussprechen – wie z. B. das Behängen eines Baums mit Wünschen wirkt der Hilflosigkeit und dem Gefühl der Ohnmacht entgegen.
- Die Alltagssituation wird durchbrochen; Durchführung und Symbole des Rituals heben uns aus dem Alltag heraus.

- Die Suche oder Bereitstellung eines Platzes oder Raumes für das Ritual erzeugt eine besondere Stimmung, ebenso wie das Durchführen einer bestimmten Tätigkeit: »Ich zünde diese Kerze an, weil ich an den Verstorbenen denke.« Welche Tätigkeit das ist, ist nebensächlich.
- In der rituellen Handlung verschmelzen praktisches Tun und symbolische Bedeutung: »Ich durchtrenne das Band und trenne mich damit symbolisch von dir.«
- Jedes Ritual folgt einer Ordnung; es hat einen klaren Rahmen, einen Anfang und ein Ende.
- Jede Handlung des Rituals wird meditativ und achtsam ausgeführt. Achtsam bedeutet: in einem aufmerksamen Bewusstseinszustand.
- Rituale haben eine kollektive Dimension: Sie heben uns auf in der Gemeinschaft aller Menschen und vermitteln uns das Gefühl der Zugehörigkeit. Die Vereinzelung und Einsamkeit wird durch die Erkenntnis größerer Sinnzusammenhänge durchbrochen.
- Rituale unterstützen und fördern die Zuversicht, dass unser Leben weitergeht und wir im Einklang sind mit dem Kreislauf der Natur.
- Rituale bringen Spiritualität in unser Leben und schaffen Möglichkeiten für neue Sinnfindungen.

»Die Seligkeit eines Augenblicks verlängert das Leben um tausend Jahre.«
Japanische Weisheit

Aufmerksamer Bewusstseinszustand

Rituale werden nur in dem Maße wirksam, in dem wir sie achtsam vollziehen, in der Intensität, mit der wir uns ihnen öffnen. Diese innere Einstellung auf das Ritual erst stellt die Verbindung her, die uns in einen aufmerksamen Bewusstseinszustand bringt. Rituale funktionieren nur mit einer inneren Bereitschaft und in einem hervorgehobenen Rahmen.
Rituale brauchen demnach:

- Einen Rahmen
- Eine Handlung
- Ein Bewusstsein
- Konzentration.

Die einzelnen Schritte des Rituals

- Bewusste Planung, Anlass wählen, Auswahl des Ortes
- Bewusste symbolische »Reinigung« des Ritualraums
- Konzentration auf wenige Elemente
- Ankommen, Einstimmen, sich mit dem Ritual verbinden
- Das Ritual ausführen, Gleichgewicht aus Handeln und Empfinden herstellen
- Die Konzentration in der Ausübung vertiefen
- Jeden Schritt der Ritualabfolge sorgfältig, bewusst ausführen und vor allem abschließen
- Einen bewussten Abschluss setzen für die Rückkehr in die Alltagswelt
- Für einen harmonischen Nachklang sorgen

Nur so gibt uns das Ritual Halt und Führung, nur so kann es von außen nach innen wirken und uns aus dem Alltag hinauf ins Wesentliche heben.
Ein gutes Ritual berührt uns und erzeugt über unsere Gefühle eine uns weit in den Alltag tragende Erinnerung, die Trost und Stärke vermittelt. Von einer Kerze, die wir einfach nur anzünden, dürfen wir keine Wunder erwarten – wenn wir aber den Vorgang des Heraussuchens, Aufstellens, Anzündens sehr bewusst ausführen, kommen wir in die energetische Spannung, die eine Brücke zu unserem Innersten schlägt.
Beim Ritual finden wir zurück ins bewusste Tun: Erst über die konzentrierte Ausübung und die Intensität unserer Gedanken entfaltet das Ritual seine ganze Wirkung. Dafür dass es geschieht, sind wir selbst zuständig; wir dürfen von niemandem Wunder erwarten – außer von uns selbst.

In vielen japanischen Kulturzentren in Deutschland wird der Besuch einer Teezeremonie angeboten. Informationen dazu finden Sie im Internet.

Japanische Teezeremonie

Um zu verstehen, wie viel Aufmerksamkeit ein Ritual verlangt, kann man sich eine japanische Teezeremonie vor Augen führen. Der bis in alle Einzelheiten vorgeschriebene, hochkomplizierte Ablauf lenkt unsere Aufmerksamkeit aus dem Alltag über die Handlungsebene der Zeremonie fort auf eine spirituelle Ebene. In allen Stufen ausgeführt, dauert eine Teezeremonie fast einen halben Tag. Wir gehen darin völlig auf. Weg vom Gestern, weg vom Morgen, löst uns dieses Ritual vollkommen aus dem Alltagsgeschehen und leitet uns sanft in eine Welt fern von Kummer und Verzweiflung. Es ermöglicht eine völlige Selbstversenkung und Entspannung im Hier und Jetzt. Es herrschen Harmonie, Hochachtung, Stille und Dankbarkeit gegenüber dem Ausführenden der Zeremonie und den Gegenständen, die dazu benutzt werden.

Rituale sollten wir nur so lange beibehalten, wie sie eine kraftspendende Bedeutung für uns haben und wie wir sie gern ausüben.

Es beginnt schon damit, dass jeder Gast durch den gerade 70 Zentimeter niedrigen Einlass nur in demütiger, gebeugter Haltung ins Teehaus gelangen kann – ein Umstand, bei dem soziale Rangunterschiede »abgestreift« werden. Im Teehaus sind alle gleich. Die Individualität wird aufgelöst. Die Aufmerksamkeit ist ganz auf das Tun ausgerichtet, die Alltagssorgen werden praktisch ausgeknipst, unsere Seele, unser Geist weit geöffnet für eine heitere Gelassenheit als dynamische Kraft des Seins. Dass am Ende der Zeremonie warmer Tee in der Schale schwimmt, ist eigentlich zweitrangig, weil der Weg dorthin das Ziel war. Andererseits sublimiert sich im Tee das konzentrierte Tun, sodass die Schale Tee zur Krönung einer gelungenen Übung wird. Erst nach der Zeremonie wird das Schweigen gebrochen.

Die Fantasiereise – auch eine Form des Rituals

Trauer führt oft zu starken psychischen Belastungen. Eines der wirksamsten Mittel gegen Erschöpfung und Schmerz ist die Entspannung, und eine der wirksamsten Entspannungsmethoden wiederum ist die Fantasiereise. Dabei begibt man sich gedanklich in eine Situation, die mit positiven Bildern besetzt ist. Diese Bilder führen in einen tiefen Entspannungszustand, in dem der Reisende Zugang zum Unterbewussten hat und dort neue Einsichten in das eigene Leben gewinnen kann. Eine solche Fantasiereise haben wir für Sie unter www.randomhouse.de/irisiana bereitgestellt.

Wirkung von Ritualen

Da Rituale nur innerlich ihre Wirkung entfalten, lassen sie sich nicht über jeden Menschen gleichermaßen »überstülpen«. Ebenso wie jeder Mensch anders trauert, wirken auch Rituale bei jedem Menschen anders.
Rituale, die uns innerlich nicht erreichen, sind reiner Ballast. In einer Krisensituation können sie zwanghaft aufgesetzt sogar irritieren und schädlich wirken, wenn der Ausübende sie nicht mit allen Sinnen versteht.
Jeder Trauernde muss deshalb selbst herausfinden, was für ihn am wirksamsten und wohltuendsten ist. Ein Ritual kann uns dabei helfen, über den Weg in unser Unterbewusstsein unsere Seele wieder zu heilen. Rituale sind damit alles andere als Hokuspokus – es geht darum, die Aufmerksamkeit über die Ausführung zu positiven Gefühlen zu lenken. Durch die Ausübung kommen wir von der Lethargie wieder ins Tun. Wir gestalten, bewegen, verändern, kommen in andere Gedanken. Und das allein schon bringt uns weiter auf dem Trauerweg.

Rituale verkürzen die Trauer nicht, ermöglichen es aber, der Trauer Ausdruck zu verleihen.

Rituale stehen für das Leben

Nehmen wir beispielsweise die Erinnerungstage: Der Todestag des Verstorbenen ist immer ein wichtiges Datum, der Hochzeitstag, der Geburtstag oder andere wichtige Ereignisse im gemeinsamen Leben. Viele Menschen gehen an diesen Tagen gern zum Grab, pflegen es, stellen Kerzen auf und halten Zwiesprache. Ein sinnvolles Ritual.
Seinen Sinn verliert der Erinnerungstag, wenn uns ein schlechtes Gewissen plagt, weil wir ihn einmal nicht wahrnehmen konnten oder sogar vergessen haben, und nun glauben, wir hätten den Verstorbenen im Stich gelassen. Wenn wir dann den Zwang verspüren, Buße zu tun, Abbitte zu leisten, etwas wiedergutmachen zu müssen, um den Verstorbenen gnädig zu stimmen, wenn solche Gedanken plötzlich unser Leben einschränken und Andacht durch den Gedanken an Strafe und Sanktionen ersetzt wird, dann hat das Ritual seinen Sinn verloren.

Ein Ritual darf keine Zwangshandlung sein. Alles, was wir an Ritualen zelebrieren, sollten wir immer nur aus gutem Willen tun, mit dem Wunsch, den Lebenden wie den Toten etwas Schönes zu geben. Und damit ist der Sinn des Rituals bestens erklärt: Wir erinnern, geben und schenken aus Liebe. Nicht durch Zwang. Und nicht, weil uns unser soziales Umfeld oder eine imaginäre innere Stimme Schuld einredet.

Erinnerung an die Verstorbenen

Wenn sich die Erinnerungen nicht mehr nur durch Schmerz ausdrücken, lässt die Trauer nach und die emotionale Bindung zum Verstorbenen hat sich normalisiert.

Wir schicken an die Menschen, die wir auf ihrem Trauerweg begleiten durften, immer einen Geburtstags- und einen Todestagsbrief. Nicht, weil wir sie erinnern müssten – Trauernde denken jeden Tag an ihren Verlust und vergessen diese wichtigen Erinnerungstage äußerst selten. Mit diesem Brief möchten wir zeigen, dass wir ihre Trauer anerkennen. Viele sind berührt, weil wir sie am Todestag ihres Angehörigen nicht allein gelassen haben. Nur sehr selten erfahren wir harsche Reaktionen, etwa: »Hören Sie auf, mich an den Todestag meines Mannes zu erinnern!« Da merken wir, dass wir die Menschen noch nicht erreicht haben. Denn das Sich-Erinnern zulassen und sich erinnern dürfen, ohne dass es als Belastung und als Aufbrechen der alten Wunden empfunden wird, gehört zu einem gesund verlaufenden Trauerprozess.

Die Art von Trauer, bei der durch eine bestimmte Geste des Verstorbenen gedacht wird – etwa durch das Auflegen eines Extra-Gedecks an Feiertagen – ist in anderen Kulturen völlig selbstverständlich. Menschen, die sich erinnern wollen und die sich erinnern dürfen an ihre verstorbenen Angehörigen und das auch schmerzfrei tun, leben viel gesünder. Sie können mit dem Verlust viel besser umgehen, weil sie dem Tod einen Platz geben können und ihn in ihr Leben integriert haben.

Machen Sie Ihre Erinnerungstage deshalb ruhig zu einem ganz besonderen Ritual: Aktivieren Sie das positive Potenzial der Erinnerung, denn die Gedanken an gemeinsame Erlebnisse kann Ihnen keiner mehr nehmen. Wenn wir uns mit einem wehmütigen Lächeln, aber erfüllt an gute Tage in unserem Leben erinnern können, haben wir einen wichtigen Schritt auf dem Trauerweg geschafft.

Ritual der Erinnerung – der Erinnerungstag

Aufgabe des Rituals ist es, den Erinnerungstag aktiv anzugehen, ihn zu planen und selbst zu gestalten, mit dem Willen, ihn nicht zu erleiden – also einfach über sich ergehen zu lassen –, sondern ihn mit aktiven Erlebnissen anzufüllen. Machen Sie den Erinnerungstag zu einem Tag, der Ihnen guttut.

- Ritualisieren Sie den Tag ganz bewusst, planen Sie ihn langfristig, finden Sie Ideen für seine Gestaltung.
- Tun Sie sich selbst etwas Gutes: Unternehmen Sie etwas Schönes – einen Ausflug, eine Kurzreise –, machen Sie sich ein Geschenk, laden Sie Freunde zum Essen ein …
- Gehen Sie in sich. Besuchen Sie einen der Orte, an denen Sie Gemeinsamkeit erleben und genießen durften. Gestalten Sie den Besuch dort oder den Besuch am Grab als kleines Fest: Bringen Sie Ihrem Liebsten etwas Schönes mit, z. B. Blumen, einen Brief, ein kleines selbst gemaltes Bild …
- Fühlen Sie sich verbunden. Denken Sie an den Verstorbenen mit warmen, herzlichen Gefühlen. Alle Gefühle dürfen hier sein.
- Nutzen Sie den Erinnerungstag immer wieder bewusst als Tag der Besinnung. Überlegen Sie, ob Sie Ihren Entschluss umsetzen konnten, Ihr verbleibendes Leben auszuschöpfen und sinnvoll zu leben.
- Erinnern Sie sich an alles, was gut war – oder auch nicht gut war. Alles darf sein und hat hier seinen Platz. Denken Sie bewusst an schöne gemeinsame Erlebnisse, wie glücklich Sie damals waren.
- Bewahren Sie Ihre Gedanken und Ihre innere Bewegung, lösen Sie sich wieder mit dem Gefühl des Dankes und nehmen Sie dieses Glück mit nach Hause.
- Es war ein schöner Tag, dessen Erinnerung Sie tragen wird – ein Erinnerungstag, den Sie wiederholen werden.

Wenn es Ihnen gelingt, diesen Tag bei aller Trauer immer wieder bewusst zu erleben, werden Sie mit der Zeit keine Angst mehr davor haben.

Ohne Abschied keine heilsame Trauer

Das wichtigste Ritual in den Tagen zwischen Tod und Beerdigung ist das Ritual des Abschieds von dem Verstorbenen, den wir geliebt haben. Es ist der Dreh- und Angelpunkt der Trauer: der Abschied am offenen Sarg, von Angesicht zu Angesicht mit dem Toten. Zum ersten Mal nach seinem Tod sehen wir den Verstorbenen wieder und können begreifen und spüren, dass der Tod da ist. Wir erleben immer wieder, dass sich die Angehörigen zunächst dagegen sperren – weil dieses letzte Wiedersehen große Ängste auslöst: Angst vor zu starken Gefühlen, Angst, den Anblick des Verstorbenen nicht ertragen zu können, und Angst auch vor dem eigenen Tod.

Diese Ängste sind völlig verständlich – woher sollten wir es auch anders wissen? Wer lebt es uns noch vor? Die gute Tradition, den Verstorbenen im Haus aufzubahren, Totenwache zu halten und Besuche der ganzen Familie und der Nachbarschaft zuzulassen, sich tragen zu lassen von der Gemeinschaft, ist selbst auf dem Land so gut wie verschwunden. Dabei ist gerade dieser Abschied eine sehr heilsame Erfahrung und der erste Schritt für eine weitere Entwicklung der Trauer, weil er allen Ausflüchten ein Ende setzt und uns hilft, das Unfassbare fassbar zu machen.

Der plötzliche Tod

Eines Tages bekamen wir einen Anruf: Ein Baby, gerade fünf Monate alt, war den plötzlichen Kindstod gestorben. Medizinern ist der plötzliche Kindstod immer noch ein Rätsel. Laut Statistischem Bundesamt sterben jährlich bis zu 370 Säuglinge auf diese Weise. Erschwerend für die Eltern ist, dass fast immer die Kriminalpolizei und die Gerichtsmedizin eingeschaltet werden müssen, um eine

Kindesmisshandlung auszuschließen. Allein der Verdacht, schuld am Tod ihres Kindes zu sein, versetzt die Eltern zusätzlich in eine Situation, die unerträglich ist.

Auch in diesem Fall waren Minuten, nachdem die Eltern den Notarzt alarmiert hatten, auch die Polizei und die Feuerwehr auf den Hof gefahren. Die Großeltern und sämtliche Nachbarn standen im Haus. Die Mutter irrte hilflos und weinend durch die Menge, ohne dass sich jemand richtig um sie gekümmert hätte. Es war ein heilloses Chaos. Der Notarzt konnte nur noch den Tod der Tochter feststellen.

Nun wäre Zeit gewesen, sich um die verzweifelten Eltern zu kümmern und für Ruhe zu sorgen. Doch es geschah etwas anderes. In diesen Fällen greifen die rechtlichen Vorschriften, die Angehörige entmündigen, ihnen den Toten nehmen und somit den Abschied verhindern.

Wenn der Tod plötzlich kommt und die Angehörigen keine Chance haben, sich zu verabschieden, kann daraus eine traumatisierende Erfahrung werden.

Der Notarzt entschied, das tote Baby in die Gerichtsmedizin zu bringen, um einen gewaltsamen Tod auszuschließen. Das ist rechtlich völlig in Ordnung – liegt aber im Ermessen des Notarztes. Die Folge war, dass kurz darauf die Kripo die Eltern als Zeugen vernahm und »Tatortfotos« vom Bettchen ihrer toten Tochter machte. Der »Leichnam« wurde beschlagnahmt, und die Mutter musste mit ansehen, wie er im Kofferraum eines Leichenwagens in die Gerichtsmedizin abtransportiert wurde. Völlig unter Schock war der Mutter keine Sekunde Zeit geblieben, sich von ihrem Kind zu verabschieden. Sie durfte ihr Kind nicht einmal mehr berühren, weil der tote Körper ihres Babys als Beweismittel für eine mögliche Misshandlung umgehend der Obduktion zugeführt wurde. Wie viel Unglück über die Eltern hereinbricht, wenn ihnen ihr totes Kind so aus den Armen gerissen wird, kann man sich nicht schmerzhaft genug vorstellen.

Chance auf einen Abschied

Die Obduktion brachte später den Befund des plötzlichen Kindstods. Doch selbst diese nachträgliche Bestätigung der Behörden, dass die Eltern keine Schuld trifft, kann die Gefühle von Scham, Versäumnis und Versagen bei den Eltern kaum auflösen. Weitere

Leichenschau bei ungeklärter Todesursache

Wenn in Deutschland eine ungeklärte Todesursache vorliegt, sehen die Bestattungsgesetze der einzelnen Bundesländer bestimmte Schritte vor:

- **Wird ein nicht natürlicher Tod vermutet, informiert der Notarzt die Polizei und den amtlich bestellten Leichenbeschauer.**
- **Bis zur Leichenschau durch den Amtsarzt darf die Leiche nicht bewegt werden (Veränderungsverbot).**
- **Die Leichenschau muss am vollständig entkleideten Verstorbenen durchgeführt werden.**
- **Bescheinigt der Amtsarzt einen nicht natürlichen Tod, wird der Leichnam beschlagnahmt und in die Rechtsmedizin gebracht.**
- **Nach Vorlage des Arztberichts und des Berichts der Kriminalpolizei entscheidet der Staatsanwalt über eine Obduktion.**
- **Erst nach einer eventuell durchgeführten Obduktion sowie nach der Freigabe durch die Staatsanwaltschaft darf der Verstorbene wieder aus der Gerichtsmedizin geholt werden.**
- **Grundsätzlich enthält eine Todesbescheinigung einen vertraulichen Teil für das Gesundheitsamt und einen nicht vertraulichen Teil für die Beurkundung. Beides ist beim Standesamt abzugeben.**

seelische Verletzungen sind die Folge. Vor allem die Mutter, so schien es, stand unter massivem Schock.

Am Nachmittag rief ich, Nicole Rinder, bei den Eltern an, um die Beerdigung vorzubereiten. Da wir aus langjähriger Erfahrung wissen, wie wichtig es gerade in einer solchen Situation ist, die Chance zu einem Abschied in Ruhe und Würde zu bekommen, fragte ich den Vater: »Soll ich Ihnen Ihr Kind noch einmal nach Hause bringen, damit Sie sich in Ruhe verabschieden können?« Er zögerte, doch im Hintergrund rief die Mutter sofort: »Ja! Jaaa! Das möchte ich!« Ich versprach, das Kind so schnell wie möglich aus der Gerichtsmedizin in München zu holen und es den Eltern noch am Abend nach Hause zu bringen.

Auf dem Weg zu den Eltern klingelte mein Handy. Der Vater war dran: Die Familie habe sich nun dagegen entschieden, das Kind noch einmal zu sehen. Ich kannte das schon aus anderen Fällen und sagte nur: »Ich verstehe das gut. Seien Sie bitte so lieb und lassen Sie mich mit Ihrer Frau sprechen.«
Wenn ich nach den Gründen frage, warum die Eltern ihr Kind nicht noch einmal sehen wollen, lautet die Antwort meist: »Es sieht ja nicht mehr aus wie vorher.« Ich entgegne dann: »Ja, das stimmt. Ihr Kind ist tot, und es wird auch tot aussehen – aber es ist für Sie sehr wichtig, dass Sie und Ihre Frau es noch einmal genau so in den Arm nehmen und sich verabschieden.« Meist sind es die Männer, die Angst haben, dass der Abschied sie überfordert – dass sie es nicht aushalten, wenn der Schmerz ihre Frau überwältigt. Deshalb ist es wichtig, dass der Trauerbegleiter das Gespräch mit beiden Elternteilen führt. Natürlich achten wir immer genau darauf, was wir den Trauernden zumuten können. Und wir reagieren sofort, wenn es wirklich zu viel wird.

Viele Menschen haben Angst, den Verstorbenen noch einmal zu sehen, weil sie nicht wissen, was sie erwartet. Nicht Abschied zu nehmen kann jedoch viel schwerwiegendere Folgen haben.

Eine dramatische Situation

Der Vater jedoch weigerte sich, seine Frau ans Telefon zu holen. Im Hintergrund hörte ich Stimmengewirr; die Lage im Haus schien sich seit dem Morgen keineswegs beruhigt zu haben. Eltern, Schwiegereltern, Verwandte und Nachbarn – alle waren im Haus versammelt. Und plötzlich brach es verzweifelt aus dem Vater heraus: »Meine Frau sagt, sie will sich das Leben nehmen. Was soll ich bloß tun?« Sie stehe auf dem Balkon, wolle herunterspringen. In dieser Situation sei es ja wohl völlig falsch, sie auch noch mit ihrem toten Kind zu konfrontieren.
Ich beharrte darauf, mit der Mutter zu sprechen. Schließlich gab der Vater nach, endlich hatte ich sie am Telefon. Ich fragte, ob sie es schaffen würde, ins Haus zu gehen und zu warten, bis ich ihr Kind nach Hause gebracht hätte. Die Mutter sagte nur: »Ja.«
Als ich aus dem Auto stieg, kam der Ehemann auf mich zu, aufgelöst und mitgenommen sah er aus. Ich ging zu seiner Frau ins Wohnzimmer, sah sie ganz sanft an und fragte: »Darf ich Ihnen Ihre Tochter jetzt zurückbringen?« Die Mutter schluchzte nur: »Jaaa.«

Ich ging zurück ans Auto und holte die Babytasche, keinen Sarg. Als ich der Mutter ihr Baby in den Arm legte, wurde sie ganz ruhig. Im Haus verstummte das Durcheinander. Es wurde nur noch geflüstert. Die Mutter war von einer Sekunde zur anderen selig, sie herzte und streichelte ihr Kind. Sie war wieder vereint mit ihrem Baby, das ihr am Morgen so brutal weggerissen worden war – erst durch den plötzlichen, unfassbaren Tod, dann durch die Maschinerie von Ärzten und Beamten, die prüfen und begutachten und Formulare ausstellen und abstempeln müssen.

Nach diesen langen Stunden der absoluten Verzweiflung hatte sie jetzt zum ersten Mal Zeit, mit ihren eigenen Händen wirklich zu begreifen, was geschehen war. Sie weinte die ganze Zeit bitterlich – aber sie war völlig ruhig. Es schien, als sei eine große Last und Ungewissheit von ihr abgefallen. Ich bat die Anwesenden, die Mutter und den Vater mit ihrem Kind ein wenig allein zu lassen. Ihr Kind wieder in den Arm zu nehmen – das war nach diesem Schock alles, was die Mutter gebraucht hatte.

Mit dem Abschied vom Verstorbenen hat der Trauernde die Möglichkeit zu realisieren, was geschehen ist.

Noch einmal in die Arme nehmen

Dieses Erlebnis ist mir bis heute in Erinnerung geblieben als ein Beispiel dafür, wie wichtig es ist, dass Angehörige noch einmal die Chance bekommen, sich von ihrem Verstorbenen zu verabschieden. Ich hatte zu Beginn dieses Abends eine ganze Familie gegen mich. Als ich ging, waren alle froh, dass durch den gelungenen Abschied wieder Ruhe ins Haus einkehrte, Ruhe, die alle so dringend brauchten, um nach diesem Schock endlich mit dem Trauern beginnen zu können.

Was immer auch die jeweiligen Todesumstände waren, immer hat es den Müttern Frieden gebracht, ihr Kind noch einmal in den Arm nehmen zu dürfen. Nicht zu wissen, was mit seinem Kind geschehen ist, kann einen wahnsinnig machen vor Schmerz. Die Mutter hatte keine Möglichkeit zu realisieren, dass der Tod unabänderlich eingetreten war. Als sie es noch einmal in den Arm nehmen konnte, bedeutete dies auch: Es ist immer noch mein Kind, und ich werde für mein Kind sorgen und niemand sonst. Ich bin immer noch deine Mama, ich bin bei dir, ich passe auf dich auf.

Das Zurückgeben des Kindes ist nach dem Schock eine ganz wichtige, innige Geste, die tiefe Verwundungen heilen hilft und keine weiteren Wunden aufreißt. Es ist für das ganze weitere Leben der Eltern mit entscheidend, diesen Abschied zu verwirklichen. Der Abschied ist hier ein unbedingtes Muss. Er hilft den Eltern zu begreifen, dass ihr Kind tot ist. Sie können nun beginnen, den Verlust zu verarbeiten. Und sie kommen aus dem passiven Erleiden wieder zurück ins Tun: Es hat etwas Heilsames, sein totes Kind noch ein letztes Mal liebevoll zu versorgen, es gut aufgehoben zu wissen, wenn man es dann weggibt. Es ist ein wichtiger Dienst, den wir tun. Und es ist das letzte Bild, das wir von unserem Kind haben werden: ein friedlich eingebettetes Kind. Allein um das alles zu begreifen, gehört der Abschied mit dazu.

Wenn wir begreifen, dass wir in unseren Armen nur noch eine leblose Hülle halten, fällt es uns leichter, diese loszulassen. Die Erinnerung an diesen Menschen wird bleiben.

Zeit, das Unfassbare zu begreifen

Eltern, die ihr Kind noch einmal gesehen und es friedvoll versorgt und eingebettet haben, sind auch am Tag der Beerdigung viel stabiler als jene, die diese Chance nicht erhalten haben.
Beim Abschied lassen wir die Eltern selbst entscheiden, wann sie den Bestatter anrufen. Nicht wir, sondern die Mutter ruft uns an und erlaubt uns: »Jetzt dürfen Sie kommen, jetzt dürfen Sie unser Kind abholen. Ich bin jetzt so weit.«
Das ist ein ganz großer Unterschied. Niemand nimmt ihr das Kind weg. Niemand setzt sie unter Zeitdruck. Und niemand muss befürchten, dass eine Mutter klammert und ihr totes Kind nicht wieder hergibt. Das haben wir in all den Jahren noch nie erlebt. Sie wird es von sich aus tun, wenn sie genug Zeit hatte, sich vom jetzt leblosen, toten Körper ihres Babys innerlich zu lösen. Irgendwann sind die Eltern dann von selbst bereit. Sie haben es begriffen. Dieser Zeitpunkt ist aber erst erreicht, wenn sie es so entschieden haben. Und niemand hat das Recht, ihnen vorzuschreiben, dass es schnell sein muss.

»Hast du ihn etwa noch einmal gesehen?«

Die Erfahrungen, die wir beim Abschied von Kindern machen, lassen sich ebenso auf den Abschied von erwachsenen Verstorbenen

Ritual des Jahresgedenkens: Das Herz

Mit diesem Ritual wollen wir der Menschen gedenken, die nicht mehr bei uns sind. Dieses Gedenken eignet sich sehr gut auch für einen Abschied, den die ganze Familie, Freunde und Verwandte gemeinsam begehen.
Das Herz ist das Symbol für die Liebe und das Leben. In unserer Mitte haben wir ein großes Herz aufgebaut – die Größe des Herzens richtet sich auch nach der Anzahl der Trauernden. Wenn nicht so viel Platz ist, reicht auch ein kleines Herz auf dem Wohnzimmertisch. Jeder wird gebeten, etwas mitzubringen, um das Herz zu füllen. Das können Kerzen, bunte Teelichter oder je nach Jahreszeit auch Äpfel, Nüsse oder Blumen sein.
Wenn die Trauernden kommen, legen sie ihre Gabe in das Herz und zünden die Teelichter an, die rund um das Herz aufgestellt werden. Dabei findet jeder Zeit, im Stillen ein Gebet zu sprechen oder in stiller Andacht dem Verstorbenen seine Gedanken, seine Gefühle, seine Erinnerungen und seine Wünsche mitzuteilen. Dann folgen ausgesuchte Musikstücke und Gedenktexte, die uns einstimmen sollen. Das Ritual ist deshalb besonders schön, weil es eine große Feierlichkeit und warmes Licht ausstrahlt und uns Ruhe gibt. In der Weihnachtszeit bietet es sich auch an, das Ritual mit Christbaumkugeln durchzuführen.

- Legen Sie eine 1,50 x 1,50 m große Styroporplatte mit einem Herzausschnitt auf Säulen in die Mitte des Raumes und stellen Sie Stühle im Halbkreis auf.
- Füllen Sie Christbaumkugeln in das Herz, lassen Sie aber noch Platz für die Kugeln, die die Trauernden hineinlegen.
- Stellen Sie um das Herz herum Teelichter auf, die zur Andacht angezündet werden.
- Die restlichen Kugeln werden in Schalen am Eingang bereitgestellt.

Ritual des Jahresgedenkens: Das Herz

- Die Angehörigen stehen am Eingang und begrüßen die Trauernden.
- Jeder darf sich eine Kugel aussuchen – symbolisch für seinen Verstorbenen – und in das vorbereitete Herz legen.
- Am Ende ist das Herz gefüllt, und so sind die Verstorbenen die ganze Andacht über in der Mitte symbolisch anwesend.
- Am Ende darf sich nochmals jeder eine Kugel am Ausgang mitnehmen für seinen Verstorbenen und zu Hause an den Baum hängen oder ans Grab legen.
- Im Anschluss an das Ritual kann es noch einen kleinen Umtrunk geben, bei dem man sich austauschen kann. Bei uns erhalten die Angehörigen damit die Möglichkeit, Menschen mit einem ähnlichen Schicksal kennenzulernen.

übertragen: Jeder versäumte Abschied ist eine verpasste Chance für heilsame Trauer. Viele Angehörige haben Angst davor und warnen andere: »Tu dir das nicht an, behalt ihn so in Erinnerung, wie du ihn das letzte Mal gesehen hast.« Doch das letzte Bild des aufgebahrten Toten ist, wenn der Abschied würdevoll begangen wird, ein sehr wichtiges Bild. Wir haben oft gehört, dass das letzte Bild eines aufgebahrten Verstorbenen den Angehörigen die Angst vor der Beerdigung, vor dem Sarg und dem Grab nimmt. Es schenkt uns etwas Versöhnliches, und vielen gelingt es gerade durch diesen Abschied, den lähmenden Schock zu überwinden, zu begreifen und sich wieder an all die schönen Zeiten, die man gemeinsam erlebt hat, zu erinnern. Der Abschied ist ein elementarer Bestandteil des Trauerwegs. Hier beginnt die Versöhnung mit dem Schicksal. Kein Mensch sollte sich davor fürchten.

Bei fast jedem plötzlichen Tod spielen auch Schuldgefühle der Hinterbliebenen eine Rolle. Der Abschied bietet die Chance zur Versöhnung.

Sich dem Schicksal stellen

Wir haben einmal erlebt, dass eine Mutter aus dem Küchenfenster mit ansehen musste, wie ihr dreijähriger Sohn überfahren wurde. Der Fahrer war gerade eingestiegen, die Mutter sah, wie er den Rückwärtsgang einlegte, und ahnte, was gleich passieren würde. Sie schrie noch aus dem Fenster heraus, aber sie konnte das Unglück nicht mehr verhindern. Das Kind starb an seinen äußerst schweren Verletzungen. Notarzt, Polizei, Rechtsmedizin, Obduktion – ein Albtraum aus Selbstvorwürfen und Selbstmordgedanken beginnt, die immer um das eine kreisen: Warum habe ich es nicht verhindern können?

Einen Tag später schon saßen die Eltern bei uns, um die Beerdigung zu besprechen. Das Gespräch war sehr schwierig, weil die Mutter nervös und sehr aggressiv war und unsere Anregungen wie eine lästige Pflicht abtat.

Wir versuchten immer wieder, Ruhe in das Gespräch zu bringen – es gelang uns nicht. Als ich am Schluss die Mutter fragte, ob sie sich von ihrem Kind verabschieden wolle, sah sie mich fassungslos an: »Wovon sollen wir uns denn hier noch verabschieden? Das erkenne ich doch eh nicht mehr wieder!« Wir wussten, dass ihr Kind schwerste Verletzungen im Kopfbereich erlitten hatte. Die Mutter hatte ihr Kind seit dem Unglück nicht mehr gesehen. Die ganze Familie war schwer traumatisiert, voller Schuldgefühle. Die entsetzlichen Bilder vom Unfall überlagerten alles.

Ein versöhnliches Bild

Wir waren entschlossen, unser Möglichstes zu tun, um der Mutter einen versöhnlichen Abschied von ihrem Kind zu ermöglichen. Wir holten das Kind aus der Gerichtsmedizin und stellten fest, dass nicht das Gesicht, sondern der Hinterkopf betroffen war. Damit war klar, dass ein Abschied möglich war, der den furchtbaren Erinnerungen an den Unfall die Kraft nehmen würde. Schließlich willigte die Mutter doch ein.

Unsere Abschiedsräume sind durch eine Schiebetür unterteilt. Um den Angehörigen die Ängste zu nehmen, schließen wir zunächst die Tür in dem Teil, wo der Tote aufgebahrt ist, und öffnen sie erst, wenn wir das Gefühl haben, dass alle bei sich angekommen, offen und bereit für den Abschied sind. Ich fragte die Mutter, ob sie als Erste zu ihrem Sohn wolle. Die junge Frau hatte nichts von ihrer Wut und ihrer Dominanz verloren. Als ihr Vater sie begleiten wollte, wies sie ihn harsch zurück. Ich ging mit der Mutter allein in den Abschiedsraum – und was dann geschah, ist mir bis heute in Erinnerung geblieben. Mit einem Aufschrei fiel sie vor dem Sarg auf die Knie. Sie küsste und streichelte ihren Sohn und bat um Verzeihung. All die Härte und Aggressivität der vergangenen Tage waren aus dem Gesicht dieser Frau gewichen. Sie weinte, schluchzte und schrie, dass es uns allen durch Mark und Bein ging. Alles brach aus ihr heraus. Die ganzen aufgestauten Vorwürfe, es nicht verhindert zu haben. Die Angst, der Schmerz. So fühlt und trauert eine Mutter um ihr Kind. Diese Verzweiflung werde ich nie vergessen. Nach etwa 20 Minuten wurde das Weinen leiser, und die Mutter wurde wieder ruhiger.

Oftmals malen wir uns in unserer Fantasie die Dinge schlimmer aus, als sie in Wirklichkeit sind. Die Konfrontation mit der Wirklichkeit birgt immer auch etwas Heilsames.

Auch ihr Mann war ganz aufgelöst, sein Kind noch einmal sehen zu dürfen. Er war zur Zeit des Unfalls in der Arbeit gewesen; er kannte nur die fürchterlichen Schilderungen, was am Unfallort geschehen war. Mit diesen Schreckensbildern vor Augen war er sehr zögerlich zum Abschied gekommen, doch das versöhnliche Bild ihres aufgebahrten Sohnes würde es sein, das Vater und Mutter aus diesem Abschied mitnahmen – nicht die fürchterlichen Fantasien, die sie ihr ganzes Leben lang gequält hätten.

Den Verlust annehmen

Ein besonders großes versöhnliches Potenzial hat ein Abschied vor allem dann, wenn die letzten Bilder vom Verstorbenen äußerst belastend waren. Wie bei jenem brutalen Mord in Süddeutschland, bei dem zwei junge Mädchen, acht und elf Jahre alt, umgebracht worden waren.

Die Mutter hatte ihre beiden Töchter blutüberströmt in der Wohnung aufgefunden, als sie spätabends von der Arbeit nach Hause kam. Der Tatort bot einen so furchtbaren Anblick, dass selbst die erfahrenen Ermittler der Polizei später von einem Schock sprachen. Die Bilder ihrer entstellten Kinder aus der Mordnacht waren es, die die Mutter wohl bis an ihr Lebensende begleitet hätten, wäre es ihr nicht gelungen, ein Gegengewicht zu schaffen.

Kinder sollten immer die Chance bekommen, sich verabschieden zu dürfen. Bei schwersten Verletzungen des Verstorbenen sind Ausnahmen natürlich sinnvoll.

Die Mutter kannte unsere Arbeit von einer anderen Trauerbegleitung und bat uns, den Abschied von ihren Kindern zu gestalten. Wir wollten alles tun, um wenigstens einen Teil der Last dieses gigantischen Traumas mitzutragen. Es wurden drei Abschiede.

Zwei Abschiede und die Trauerfeier

Der erste Abschied war für die Schulkameraden der beiden Mädchen. Diesen Tag hatten wir vorher ausführlich mit den Eltern der beiden toten Mädchen und den Lehrern der Kinder durch Gespräche vorbereitet. Eltern, Kinder und Lehrer kamen, bemalten die Särge und legten Geschenke bereit, die wir später in die Särge legen würden.

Aufgrund des Wunsches der Familie hatten wir gemeinsam beschlossen, wegen der sehr intensiven Berichterstattung in der Presse die Kinder nicht mit den beiden toten Mädchen zu konfrontieren. Es war trotzdem ein sehr bewegender Tag, der auch nach der Meinung der Eltern und Lehrer den Kindern die Möglichkeit

Schreckensfantasien nehmen

Generell ist es bei Unfalltoden, Mordopfern oder Suiziden besonders wichtig, dass sich die Angehörigen dem Abschied stellen, um den entstehenden Fantasien über den Zustand des Toten den Schrecken zu nehmen.

- **Ein aufgebahrter Verstorbener wird Angehörige beruhigen und ihnen die Schreckensfantasien nehmen. Damit werden die schönen Bilder in unserer Erinnerung wiederhergestellt.**
- **Den Toten noch einmal so friedlich zu sehen, versöhnt mit dem Schicksal. Der Angehörige kann den Toten versorgen, er kann ihm noch etwas Gutes tun.**
- **Das »Begreifen« – wortwörtlich mit den eigenen Händen –, dass das Leben wirklich gegangen ist, wird ermöglicht. Nun kann man den toten Körper loslassen und gehen lassen.**

gab, ihrer Trauer Ausdruck zu verleihen. Der zweite Abschied fand im engsten Familienkreis in unserem Abschiedsraum statt.

Die dritte Begegnung war eine Trauerfeier für die ganze Familie, auch für die Nachbarn und für die Freunde. Über 200 Menschen drängten sich in unserem Trauersaal. Eine solche Trauerfeier hilft, die direkt Betroffenen aus ihrer Isolation zu holen, von der Stigmatisierung zu befreien, die häufig mit solchen Gewaltverbrechen einhergeht. Und sie gibt auch dem Umfeld des Betroffenen die Möglichkeit, Anteil zu nehmen und seinem Mitgefühl ein sichtbares Zeichen zu setzen.

Bei Gewaltverbrechen hilft die Trauerfeier auch den Hinterbliebenen, die auf diese Weise aus ihrer Isolation geholt werden.

Wir hatten den Eindruck, die Mutter war sehr dankbar, dass sie durch unsere Begleitung die Möglichkeit bekommen hatte, den posttraumatischen Schock mit seinen immer wiederkehrenden Bildern vom Tatort zu mildern.

So hatte sie zumindest eine Chance, dass das Auffinden ihrer Kinder nicht das letzte Bild sein würde, das sie von ihren Töchtern für den Rest ihres Lebens mit sich herumtragen müsste – sondern das Bild, wie sie ihre Kinder versorgte und verabschiedete und ihnen damit die Würde zurückgeben konnte, die der Mörder ihnen zu nehmen versucht hatte.

Kinder begegnen dem Tod

Immer wieder wird uns die Frage gestellt, ob und wie man Kinder mit dem Tod konfrontieren soll. Doch wie können wir Kinder mit etwas nicht konfrontieren wollen, das so selbstverständlich ist wie Tag und Nacht? Jeder wünscht seinem Kind, dass es die Erfahrung mit dem Tod so spät wie möglich machen muss, und doch können wir es nicht davor schützen. Je natürlicher und offener Eltern dem Thema begegnen, desto gestärkter geht ein Kind aus solch einer Situation hervor. Erfährt das Kind nicht, warum die Mama weint, wird es schnell glauben, es sei selbst schuld daran. Eltern wollen ihre Kinder beschützen und glauben, es sei besser, wenn diese den Verstorbenen so in Erinnerung behalten, wie er war – lebendig. Doch spätestens bei der Bestattung wird es schwierig: einen »lebendigen« Menschen beerdigen? Hält man Kinder aus der Trauer heraus, wird der Tod für sie zu etwas sehr Geheimnisvollem. Aufgrund unserer Erfahrungen aber wissen wir: Man sollte Kinder unbedingt auch an einem so schwierigen Familienereignis wie dem Tod teilhaben lassen. Andernfalls nimmt man ihnen etwas, was nie mehr nachgeholt werden kann.

Von Beginn an dabei

Je intensiver das Verhältnis zum Verstorbenen war, desto emotionaler wird der Tod empfunden – egal, wie alt der Trauernde ist. Die Trauer gemeinsam mit den Kindern zu verarbeiten, kann für die ganze Familie Stabilität bedeuten. Das Schöne und Gute daran ist, dass Kinder von Natur aus neugierig sind. Sie stellen Fragen, möchten alles erforschen, sind spontan und offen. Wir Erwachsenen können viel dafür tun, dass wir diese gesunde Neugier nicht enttäuschen und durch Angst und Ekel ersetzen.

Bei unseren Gesprächen mit den Angehörigen fragen wir deshalb immer, ob es Kinder gibt. Ist das der Fall, ermutigen wir die Angehörigen, die Kinder von Anfang an mit einzubeziehen. Denn Kinder spüren sofort, wenn Emotion und Sprache nicht übereinstimmen, und beziehen dies sehr schnell auf sich. Sie werden von Sorgen und Schuldgefühlen überfallen, weil sie nach einer Erklärung für das abweisende Verhalten der Eltern suchen. Sie denken, sie würden nicht mehr geliebt, und fühlen sich zurückgesetzt. Für sie bedeutet das doppelten Schmerz.

Offener und ehrlicher Umgang

Darum ist es wichtig, möglichst offen, ehrlich und natürlich mit dem Tod umzugehen. Wenn die Mama weint, weil der Papa gestorben ist, dann sollte sie es dem Kind auch genau so sagen. So bekommt das Kind die Sicherheit, dass die Traurigkeit der Mama wirklich nichts mit ihm zu tun hat.

Wir können von unseren Kindern lernen, denn sie gehen ganz unbefangen und neugierig mit diesem letzten Geheimnis, dem Tod, um.

Der Tod ist Teil unseres Lebens, und Kinder haben ein Recht auf diese Wahrheit. Das Recht darauf, Lebenserfahrung zu sammeln – behütet in einem geschützten Raum. Von kaum jemandem werden sie besser lernen, wie sie mit ihrer Trauer gut umgehen, als von den Menschen, denen sie bedingungslos vertrauen: ihren Eltern.
Wir sollten Kindern unter normalen Umständen einen Abschied nur aus besonders wichtigen Gründen verwehren; umgekehrt sollten wir sie aber natürlich auch nie zwingen, am Abschied teilzuhaben. Am besten fragen Sie Ihre Kinder nach ihren Vorstellungen und Wünschen.
Es kann für Kinder zu einem schönen und persönlichkeitsprägenden Erlebnis werden, wenn sie sehen können, wie die Erwachsenen liebevoll ihre Toten würdigen. Dazu gehört auch, dass sie am Abschied teilnehmen und den Toten auch anfassen dürfen, wenn sie das möchten. Wenn sie spüren, wie kalt der Körper eines Toten ist und wie warm der eines lebenden Menschen, werden Kinder – wie auch jeder Erwachsene – schneller begreifen, dass er wirklich tot ist und dass der Platz des Toten bzw. seines Körpers nicht mehr hier bei uns ist, sondern auf dem Friedhof. Die Erinnerung an ihn darf in uns weiterleben.

Peter will einen Abschied

Ein deutschstämmiger Medizinprofessor aus Amerika hatte während einer längeren Gastprofessur in Würzburg seine Frau durch Krebs verloren. Für den erfolgsgewohnten Mediziner stellte sich der Tod als eine doppelte Niederlage dar: Er glaubte, er habe als Mann und vor allem als Arzt versagt, weil er seine Frau nicht schützen und retten konnte. Nun saß er allein mit dem neunjährigen Sohn vor uns, um die kommende Trauerfeier zu besprechen. Nachdem die Mutter im Krankenhaus gestorben war, fragten wir den Vater, ob er seine Frau noch einmal sehen wolle.

Der Mann erklärte abweisend, er werde sich nicht mehr von seiner Frau verabschieden. Das akzeptierten wir, doch plötzlich sagte sein Sohn neben ihm: »Aber ich will zur Mama!« Eine schwierige Situation – ich versuchte, dem Vater zu erklären, wie wichtig ein solcher Abschied für seinen Sohn sein würde. Der Vater willigte zögernd ein, wollte aber dennoch nicht mitkommen.

Wenn Sie einem Kind erklären müssen, dass jemand gestorben ist, sollten Sie dies so klar und ehrlich wie möglich tun und ihm gleichzeitig Sicherheit vermitteln.

Am nächsten Tag brachte er seinen Sohn bei uns vorbei. Wir hatten die Mutter nebenan für den Abschied in einem Kleid aufgebahrt, das der Sohn ausgesucht hatte, und den Raum um ihren Sarg mit Blütenblättern geschmückt. Ich war damals 35 und selbst Vater zweier kleiner Kinder – einen Abschied mit einem Kind ohne Angehörige hatte ich noch nie begleitet.

Der Tod wirft Fragen auf

Nun stand dieser neunjährige Junge neben mir, und ich musste für seinen Vater die Aufgabe übernehmen, ihm zur Seite zu stehen. Ich hatte keinen Zweifel, wie wichtig dieser wirkliche Abschied für das Kind war. Dennoch spürte ich, welche Verantwortung ich übernommen hatte.

Ich nahm den Jungen an die Hand und begleitete ihn Schritt für Schritt: ging mit ihm zunächst in den Vorraum des Abschiedsraums, wo seine Mutter hinter der Schiebetür im zweiten Zimmer aufgebahrt war. Wir verbrachten dort zunächst eine ganze Weile, sodass er Zeit hatte, sich an die Situation zu gewöhnen. Es war ihm wichtig, einen Abschiedsgruß auf den Sargdeckel zu malen. Der

Junge stellte viele Fragen. Was passiert, wenn wir sterben? Gibt es wirklich einen Himmel? Kann Mam – so nannte er seine Mutter – mich sehen und hören? In keinem Augenblick schien er unsicher oder verstört. Der Vater wartete unterdessen in einem Café.
Ich achtete sehr genau darauf, wie es dem kleinen Peter ging, ob er unsicher war oder Angst hatte. Das Gegenteil war der Fall: Er ließ sich nicht von seinem Vorhaben abbringen, er wollte seine Mam unbedingt ein letztes Mal sehen. Ich beschrieb dem Jungen ausführlich, was ihn hinter der Tür erwarten würde, wie seine Mama aussah, dass er ihr sein Geschenk in den Sarg legen dürfe. Die Frau war von der langen Krankheit zwar gezeichnet, etwas eingefallen und schmal, hatte aber einen sehr friedlichen Gesichtsausdruck. Nichts, was ihn erschrecken würde. Er hatte sie zudem einen Tag vor ihrem Tod noch einmal besuchen dürfen, ihn würden keine großen Veränderungen irritieren.

»Du bist ja so tapfer!« Diesen Satz hören Kinder oft, wenn sie nicht weinen. So wird dem Kind jedoch die Möglichkeit zum Trauern genommen.

Der Moment ist gekommen

Wir standen nun vor der Schiebetür, seine kleine Hand in meiner – in der anderen sein kleiner Teddy. Den wollte er ihr mitsamt einem Bild, das er für sie gemalt hatte, mitgeben. Das Bild – ein wunderschöner Sternenhimmel – sollte seine Mam auf der letzten Reise begleiten, der Teddy sollte auf sie aufpassen. Wir traten an den Sarg. Der Junge war neugierig und wollte ganz viel wissen. Ob seine Mam noch Schmerzen habe? Ob sie ihn noch hören könne? Ob

Ein natürlicher Prozess

Bevor wir zu dem Toten gehen, sollte das Kind auf sichtbare Veränderungen des Toten vorbereitet sein. In kindgerechter Sprache erklären wir, was der Unterschied zwischen tot und lebendig ist. Am Beispiel einer Blume erklären wir, dass, wenn sie stirbt, ihre Farben vergehen, ihre Form und ihr Duft. Stirbt ein Mensch, dann sterben seine Farben. Es ist ein ganz normaler und natürlicher Prozess, der niemandem Angst machen muss. Später können wir beispielsweise den Toten anfassen und zeigen, dass er kalt ist; dann kann das Kind uns anfassen und verstehen, dass Leben ganz warm ist.

sie schon im Himmel sei? Ich beantwortete ihm alle Fragen – und sagte ganz ehrlich, was ich selbst nicht weiß und nicht beantworten kann.
Dann begann er, die Hand seiner Mama und ihren Kopf zu streicheln; das war so natürlich, dass niemand, der das mit angesehen hätte, auf die Idee gekommen wäre, diesen Abschied zu unterbinden. Es war ihm wichtig, seine Mam noch einmal zu berühren. Die ganze Zeit über war er sehr aufmerksam und interessiert. Nach einer Weile hatte er genug gesehen. Er hatte keine Fragen mehr. Alles schien beantwortet. Er hatte sich verabschieden dürfen. Er drehte sich um und sprang regelrecht gelöst aus dem Abschiedsraum. Ich habe mir später noch oft gewünscht, sein Vater hätte das miterleben dürfen – und statt meiner an der Seite seines Sohnes gestanden.

Kinder auf den Abschied vorbereiten

Kinder stellen die Fragen, die Erwachsene sich oft nur denken.

Zu unserer Aufgaben gehört es, Eltern zu unterstützen und sie darüber aufzuklären, dass in der Trauer alle Gefühle erlaubt und völlig normal sind. Eltern sind Vorbilder; je offener sie mit der Situation umgehen, desto normaler gehen auch ihre Kinder damit um.
Wir bereiten Familien mit Kindern sehr sorgfältig auf den Abschied vor. Dazu wollen wir möglichst viel über die Vorgeschichte und die Umstände des Todes erfahren. Es hilft allen Beteiligten, kritische Situationen im Voraus zu erkennen und sich entsprechend darauf vorzubereiten, damit die Trauer auf natürliche Weise ausgelöst werden kann.
Die meisten Kinder erleben solche einschneidenden Verlustsituationen nicht als etwas Bedrohliches, wenn sie verständnisvolle, liebevolle, ermutigende Menschen an ihrer Seite haben, die ihnen Zuwendung schenken. Sie lernen, sich früher oder später mit der veränderten Lebenssituation zu arrangieren. Kinder, die sich in ihrem Schmerz nur wenig angenommen fühlen, erleiden dagegen einen doppelten Verlust, da sie sich in ihrer Trauer meist einsam und allein gelassen fühlen.

Wenn Kinder trauern

Da die Umstände der Verlusterfahrung so wichtig für das Verständnis sind, wie Kinder den Verlust erleben, ist es hilfreich, sich folgende Fragen nach der Sozialpädagogin Margit Franz vor Augen zu führen:

- Wie stark war die emotionale Bindung des Kindes zum Verstorbenen?
- Hat das Kind mit dem Verstorbenen regelmäßig schöne Dinge wie z. B. Ausflüge unternommen? Hatten sie gemeinsame Hobbys? Sind sie gemeinsam ins Museum gegangen? Haben sie sich gemeinsam um ein Haustier gekümmert?
- War der Verstorbene ein prägendes Vorbild für das Kind? Oder war es eher jemand, den man selten besucht hat und zu dem keine tiefere Bindung bestand?
- Wie waren die Todesumstände? War es ein natürlicher Tod? Kam er nach einer längeren Krankheit? Hatte das Kind Zeit, sich darauf vorzubereiten? Oder war es ein plötzlicher Tod, vielleicht ein Suizid oder ein Unfall, weitaus unbegreiflicher für das Kind?
- Wie hat das Kind vom Tod erfahren? War es vielleicht sogar persönlich anwesend?
- Hat man sich Zeit genommen, dem Kind den Tod in Ruhe zu vermitteln?
- Gab es in der näheren Vergangenheit bereits einen weiteren Verlust zu betrauern? Falls dem so ist: Wie ist das Kind damit umgegangen? War die Verlusterfahrung beim ersten Mal traumatisch, wird es beim zweiten Mal noch wichtiger, dem Kind beim Abschied Trost zu schenken.
- Ist das Kind in die Familie integriert oder ist es eher ein introvertierter Einzelgänger?
- Darf das Kind seine Gefühle zeigen, oder wird es angehalten, »tapfer« zu sein? Machen Sie dem Kind auf jeden Fall klar, dass es nicht tapfer sein muss und traurig sein darf. Verhindern Sie Tränen nicht – Weinen ist gesund.

Wenn der Abschied unmöglich scheint

Der Abschied von unseren Toten hilft den Lebenden. Der nicht vollzogene Abschied dagegen behindert und verzögert unsere Trauerfähigkeit. Wie traumatisierend der fehlende Abschied ist, sieht man in aller Deutlichkeit, wenn wir unsere Angehörigen noch nicht einmal beerdigen können, weil sie spurlos verschwunden sind – nach einer Gewalttat, nach New York 9/11, nach Flugzeugabstürzen oder Naturkatastrophen wie dem Tsunami in Asien.
Wie sehr rührt es uns an, wenn die Angehörigen zur Absturzstelle reisen und Blumen ins Meer werfen – oder, wie beim Jahrestag des Tsunami, Lampions in den Himmel steigen lassen. Es ist immer ein hilfloser Gruß ins Unbekannte, die verzweifelte Frage: »Wo bist du?« Da es keinen Beweis für den Tod des Angehörigen gibt, bleiben letztlich nur Vermutungen, was geschehen sein könnte. Dennoch braucht jeder Mensch einen Platz, an dem er seine Trauer verorten kann. Umso mehr, wenn der Vermisste dauerhaft verschwunden bleibt.

Hoffnung, Selbstvorwürfe, Schuldgefühle

Die Angehörigen haben es unendlich schwer, mit ihrer Trauer überhaupt zu beginnen, auch wenn die Überlebenschancen als äußerst gering eingeschätzt werden. Die Hoffnung bleibt, der Vermisste könnte doch überlebt haben, könnte doch noch wieder auftauchen. Letztlich ist diese Hoffnung jedoch unglaublich quälend, weil sie sich nie auflösen lässt – weder in die eine noch in die andere Richtung. Hinzu kommen selbstquälerische Vorwürfe und die Suche nach Schuld. Habe ich wirklich alles getan, um ihn zu finden? Solche Gedanken sind wenig konstruktiv, da immer rückwärtsgewandt – Gedanken, die permanent suchen, aber nie den Grund finden, auf dem sie sich neu ausrichten könnten.

Sintflut der Gefühle – Tsunami 2004

Besonders bedrückend ist es immer, wenn Kinder spurlos verschwinden. Einmal wandten sich Eltern an uns, die ihre Zwillingstöchter, Anke und Lena, während der Tsunamikatastrophe am 26. Dezember 2004 in Thailand unter sehr dramatischen Umständen verloren hatten.

Unter den Augen der Mutter waren die Kleinen in den Fluten verschwunden, ohne dass sie etwas hätte tun können gegen die Kraft dieser Naturgewalt, der sie selbst fast zum Opfer gefallen wäre. Jeder kann sich die Selbstvorwürfe der Mutter und ihre Verzweiflung ausmalen. Immer wieder kamen die Bilder, als ihr die Kinder aus den Händen glitten und untergingen. Die beiden Mädchen waren noch sehr jung gewesen. Die Mutter selbst hatte tagelang schwer verletzt im Krankenhaus gelegen, ohne zu wissen, ob irgendjemand aus der Familie überlebt hatte, bis ihr Mann sie endlich fand. Während die toten Körper der mitgereisten Großeltern gleich gefunden wurden, blieben die Kinder verschwunden. Und hier begannen Zweifel und Hoffnung: Vielleicht waren sie wie durch ein Wunder doch gerettet worden?

Erst nach wochenlanger Suche mit immer neuen und immer aufs Neue enttäuschten Hoffnungen kehrten die verzweifelten Eltern nach Deutschland zurück. Ohne ihre Kinder. Sie standen so unter Schock, dass sie ihre Wohnung, die sie mit der Vorfreude auf den Weihnachtsurlaub kurz vor Heiligabend verlassen hatten, nie wieder betraten. Ohne noch einmal einen Blick in ihr verlorenes Paradies zu werfen, zogen die Eltern nach Hamburg. Freunde lösten für sie die Wohnung auf. Doch die Suche ging weiter – ohne ein Grab als Ort der Trauer.

Die Wohnung bedeutete für die Eltern der vermissten Mädchen die heile Welt, die nun zerstört vor ihnen lag. Die Familie, die hier einst glücklich gelebt hatte, gab es nicht mehr.

Ohne einen Ort der Trauer

Es folgten Telefonate nach Thailand, Nachfragen der Behörden, Formulare, Suchanträge, Gutachten. Aber keine Beerdigung, keine Trauerfeier. Beim geringsten Anlass flackerte die Hoffnung wieder auf. Wie eine Säure hatte sich dieser unauflösbare Konflikt aus Ungewissheit und Verzweiflung in ihre Seele gefressen. Erst über

ein halbes Jahr später erreichte die Eltern eine Nachricht, dass die toten Körper ihrer Kinder bei Aufräumarbeiten gefunden und anhand der Zahnbilder identifiziert worden waren.
Die Eltern hätten jetzt nach Thailand fliegen können, um ihre Kinder selbst zu identifizieren und abzuholen – dazu waren sie nicht in der Lage. Sie versuchten, ihrem Trauma und den damit verbundenen Erinnerungen zu entkommen. Sie wirkten auf uns wie ferngesteuert – weil das, was geschehen war, für einen Menschen beinahe unerträglich ist.
So reisten die Eltern nicht nach Thailand, um ihre Kinder heimzuholen. Anke und Lena wurden vor Ort kremiert – zurück nach Deutschland kamen zwei kleine Urnen. So ging für die Eltern die Chance verloren, ihrer Trauer vielleicht doch noch eine Wendung zu geben. Wir hatten das Gefühl, gescheitert zu sein.

Wir merkten schnell, wie sehr die geprüften Eltern in den Monaten der Ungewissheit in ihrem Leid versteinert waren, unfähig zu jeder Form einer Gefühlsregung.

Im Zweifel immer für den Abschied

Natürlich muss man genau abwägen, ob es sinnvoll ist, dass sich die Eltern über sechs Monate nach dem Tod der Kinder von ihnen verabschieden. Das kann nur herausgefunden werden, wenn die Hinterbliebenen sich öffnen und ihnen in intensiven Gesprächen selbst klar wird, was ihnen guttut. Aus unserer Sicht konnte es sich nur um eine Verabschiedung handeln. Denn manchmal reicht aber beispielsweise schon eine nicht abgedeckte Hand, um den Angehörigen Entlastung zu bringen, um der schrecklichen Ungewissheit endlich ein Ende zu setzen.
Kein Mensch kann sich vorstellen, wie erleichtert die Angehörigen sind, wenn sich der Tod des geliebten Menschen zweifelsfrei belegen lässt. Es handelt sich keineswegs nur um eine versicherungsrechtliche Angelegenheit, wenn Bergungsmannschaften unter Einsatz des eigenen Lebens nach Naturkatastrophen, Bergwerksunglücken, Anschlägen und Flugzeugabstürzen – oder beispielsweise auch nach dem Sinken des Kreuzfahrtschiffs »Costa Concordia« vor der italienischen Küste – mit allen Kräften versuchen, auch die Todesopfer vollständig zu bergen und zu identifizieren. Es geht darum, den Angehörigen Gewissheit über das Schicksal ihrer ver-

missten Söhne, Töchter, Mütter oder Väter zu geben. Zweifel über Monate sind weitaus schmerzhafter als die Gewissheit, dass ein Mensch tatsächlich gestorben ist. Während Zweifel nie aufhören, bedeutet der Tod einen Abschluss der Ungewissheit und gleichzeitig den Beginn des Abschiednehmens.

Es hat seinen Grund, warum der Suchdienst des Roten Kreuzes und die Deutsche Kriegsgräberfürsorge bis heute das Schicksal vermisster deutscher Soldaten zu klären versuchen, ihre sterblichen Überreste bergen, sorgsam bestatten und die Angehörigen verständigen.

Die Gewissheit des Todes – der erste Schritt zum Abschiednehmen

Selbst wenn die Opfer schwer verletzt sind – was beispielsweise nach einem Flugzeugabsturz der Fall sein kann –, kann ein Abschied sehr hilfreich sein und die Trauergefühle auslösen, die wir so dringend brauchen, um den Tod bei uns ankommen zu lassen. Wir haben einmal eine Frau begleitet, deren Mann bei einem Flugzeugabsturz über dem Kaukasus über zehn Tage verschollen war. Die Mutter von drei Kindern hatte wochenlang zwischen Hoffen und Bangen gelebt, bis schließlich die Nachricht kam, dass man den Toten gefunden hatte.

Als wir ihn sahen, war uns klar, dass ein Abschied nur schwer möglich sein würde, und so teilten wir es seiner Frau mit. Sie jedoch begann, bitterlich zu weinen, und flehte, ihren Mann noch einmal sehen zu dürfen. Sonst, so sagte sie, sei es ihr völlig unmöglich zu glauben, dass er tatsächlich tot sei. Diese Verzweiflung ging uns so ans Herz, dass wir mit allen uns zur Verfügung stehenden Mitteln versuchten, den Toten wieder herzurichten. Er war im Gesicht und am ganzen Körper so schwer verletzt, dass wir ihn wie eine Mumie bandagieren mussten, um die Wunden zu verdecken. Wir schilderten der Frau das Aussehen ihres toten Mannes sehr offen, doch sie wollte ihn trotzdem sehen. Und auch hier zeigte sich wieder: Es gibt kaum eine Begründung, mit der wir einem Menschen den Abschied verweigern dürfen, egal, in welchem Zustand sich ein Toter befindet.

Als die Frau den Abschiedsraum betrat, sah sie natürlich sofort, welche Spuren der Absturz hinterlassen hatte. Doch dann erblickte sie die Hände ihres Mannes, die seitlich neben dem Körper lagen und nur leichte Verbrennungen aufwiesen. Es waren große, starke

Hände, Hände, die anpacken konnten – und es nun nie wieder tun würden. Sie stürzte darauf zu, nahm die rechte Hand, streichelte sie und rief dabei wieder und wieder: »Er ist es, ja, er ist es!« Auch für sie hatten die Zweifel des Hoffens in diesem Moment ein Ende gefunden: An der Hand, die sie immer wieder streichelte, schimmerte der Ehering ihres Mannes mit ihren gemeinsamen Initialen und dem Datum der Hochzeit. Sie hatte ihren Mann wiedergefunden – nun konnte sie beginnen, Abschied zu nehmen.

Die Bereitschaft, eine Entscheidung zu akzeptieren, die wir nicht mehr rückgängig machen können – z.B. bei einem Suizid –, kann unsere Trauer auf den richtigen Weg führen. Auch hier helfen Rituale.

Der Abschied ohne Verstorbenen

Was sollen wir tun, wenn Menschen verschwunden bleiben? Wenn keine Toten gefunden werden, wenn das Schicksal dieser Menschen ungeklärt bleibt? Wenn sich Zweifel und Schuldgefühle bei den Hinterbliebenen nie auflösen lassen? Das Schreckliche am Tod ohne Toten ist, dass wir keine Gewissheit haben, was genau passiert ist, dass wir mit niemandem ein Gespräch führen können, das unsere Fragen beantwortet. Das kann z. B. bei einem Suizid der Fall sein, bei dem man den Toten erst sehr spät findet.

Bei einem Suizid kommen oft noch Schuldgefühle der Angehörigen hinzu: Haben wir Warnsignale übersehen? Hätten wir ihn vielleicht doch retten können? Oder die Angehörigen sind wütend, weil sie ihrem Empfinden nach im Stich gelassen wurden. Das Einzige, das wir dann tun können, ist, uns all diese Gefühle anzusehen und sie mit Mitgefühl, mit verständnisvoller Liebe zu besetzen. Wenn wir mit dem Vermissten fühlen und die Entscheidungen, die zu seinem Tod geführt haben, nicht mehr verurteilen, kommen wir leichter ins Verstehen.

Der tabuisierte Tod

Einmal suchte uns ein Ehepaar auf, dessen Tochter Jahre vorher von einem Tag auf den anderen spurlos verschwunden war. Kein Abschiedsbrief, keine Nachricht, kein Hinweis auf ein Verbrechen, nicht der leiseste Verdacht, was geschehen sein könnte. Ein Leben, das sich einfach wie in Luft aufgelöst hatte. Auch für diese Eltern begann damit eine jahrelange Folter aus Hoffen, Bangen und Ent-

täuschungen. Und ein Spießrutenlauf aus polizeilichen Ermittlungen, Gerüchten, Vermutungen und verdeckten Anschuldigungen. Denn häufig folgt dem Leid der ungeklärten Todesfälle auch die soziale Isolation – zum einen durch die Eltern selbst, die sich vor Kummer und Scham vor Familie und Freunden abschotten, zum anderen aber auch, weil diese Familien von ihrer Umgebung oft gemieden werden. Der ungelöste Tod, der Tod nach Gewaltverbrechen und der Suizid werden in der Gesellschaft immer wieder tabuisiert. Niemand spricht ihn an – und die Hinterbliebenen werden in ihrer Trauer allein gelassen.

Besonders allein gelassen fühlen sich Hinterbliebene, wenn die Gesellschaft den Tod des geliebten Menschen tabuisiert, was häufig bei Gewaltverbrechen oder Suizid der Fall ist.

Ein symbolisches Bestattungsritual

Die Eltern hatten von unserer Art der Trauerbegleitung gehört und baten uns im fünften Jahr nach dem spurlosen Verschwinden ihrer Tochter um ein Abschiedsritual. Beide spürten, dass sie einen Abschied brauchten, um nicht endgültig an ihrem Schicksal zu zerbrechen.

Wir planten eine Abschieds- und Gedenkfeier für ihre Tochter, zu der die ganze Familie, Nachbarn und vor allem auch sämtliche Freunde der Tochter eingeladen wurden. In der Mitte des Raumes standen ihr Bild und rundherum zahlreiche persönliche Gegenstände, die einen starken Bezug zu ihrem Leben hatten und Erinnerungen an eine schöne Zeit wecken sollten.

Jeder Trauergast hatte dazu etwas mitbringen dürfen, das ihn besonders an die Verschwundene erinnerte, und jeder sollte den anderen auch die Geschichte und seine Erinnerungen an diesen

Gegenstand erzählen. Das Erzählen schafft Interaktion, das gemeinsame Erinnern eine Verbindung unter fremden Menschen, weil man miteinander spricht, einander zuhört und auch schönere Bilder an gemeinsame Erlebnisse, die sicher auch glücklich waren, wieder ins Leben holen darf. Ein Trauerredner rief mit seiner Rede und seinen Gebeten stellvertretend für alle laut den Namen der Verschwundenen und damit gemeinsame Erinnerungen an sie wach. Er rief sie mit Namen und sprach, dass man sie nicht vergessen werde und um sie trauere. Allein die Möglichkeit, das einmal laut aussprechen zu können, noch einmal ihren Namen zu hören und sie damit in die Gemeinschaft zurückzuholen gab allen Anwesenden einen sehr starken Trost.

Das Foto und die Gegenstände wurden am Ende der Gedenkfeier in einer großen Schale verbrannt, die Asche gaben wir den Eltern mit. Sie wollten sie später an einem Ort ihrer Wahl verstreuen und damit zumindest symbolisch einen Platz zum Trauern haben. Die Eltern bestatteten die Asche im Familiengrab – die Tochter war damit zumindest in ihren Gefühlen wieder zu Hause angekommen.

Erst als die Eltern des verschwundenen Mädchens einen Ort für ihre Trauer gefunden hatten, war es ihnen möglich, wirklich mit dem Trauern und Verabschieden zu beginnen.

Abschied nach langer Ungewissheit

Mit einem symbolischen Bestattungsritual gibt man den Angehörigen das Recht und die Erlaubnis, endlich trauern zu dürfen. Diese wiederum bekennen sich offiziell zum Tod des Verstorbenen. Der Tod – vor allem der Suizid, der plötzliche Tod, der Unfalltod oder der Tod durch ein Gewaltverbrechen – wird enttabuisiert.

Dieses Ritual ist sehr stark und entfaltet seine Wirkung gerade aufgrund der Emotionalität. Es verlangt deshalb einen erfahrenen Begleiter, der ruhig und gefasst durch die Übung führen kann. Aus der Psychologie wissen wir heute, dass Trauernde zur Verlustverarbeitung mit ihren Gefühlen konfrontiert werden müssen. Bleibt uns die Trauer versagt – etwa aufgrund ungeklärter Todesumstände –, können tiefe Verletzungen, Ängste und falsche Reaktionen mit immer wiederkehrenden Mustern entstehen. Diese gilt es zu durchbrechen.

Sich verzeihen dürfen

Bei dieser Übung zum Anschauen von belastenden Gefühlen durchleben wir die Situationen noch einmal, lernen sie so verstehen und geben dem Geschehenen damit eine andere, versöhnlichere Bedeutung.

Diese »Umprogrammierung« läuft über die Energie unserer Emotionen ab. Wir erzeugen Bilder und erleben Schmerz, um Schmerz anzuschauen – nicht um ihn zu verdrängen. Damit führen wir dem Ereignis gezielt jene Qualitäten zu, die damals fehlten, um es ohne Zweifel und Schuldgefühle annehmen zu können. Wir lassen inneren Frieden und gute Bilder entstehen, wir verzeihen uns.

Das folgende Ritual wird auf der Grundlage eines rein fiktiven Falls geschildert – des Suizids eines jungen Mädchens – wir wollen es Jennifer nennen –, dessen Körper erst Monate später gefunden wurde.

Das Ziel dieser Übung ist es, die Versteinerung der Gefühle aufzubrechen und der aufgestauten Trauer einen Raum zu geben. Eventuelle Schuldgefühle können aufgelöst werden.

Der Abschied von Jennifer

Sie benötigen für dieses Ritual einen Teppich, einen Stuhlkreis, vier Tücher (rot, hellgrün, dunkelblau, gold), Blütenblätter, eine große Kerze, Sonnenblumen als Symbole für den Kreislauf des Lebens (frisch, reif, verwelkt, Kerne) sowie ein Foto des Verstorbenen.

- Das rote Tuch steht für die Wut: Zusätzlich benötigen Sie Steine auf einem Tablett.
- Das hellgrüne Tuch steht für die Schuld: Zusätzlich benötigen Sie Zettel und Stifte sowie eine Schale für die Asche.
- Das dunkelblaue Tuch steht für die Trauer: Zusätzlich benötigen Sie einen Krug und kleine Schälchen mit Wasser sowie Efeublätter.
- Das goldene Tuch steht für die Liebe: Zusätzlich benötigen Sie eine Kerze im Glas und kleine rote Rosenblüten in einer Schale.

Außerdem benötigen Sie eine rote Rose pro Teilnehmer, einen CD-Player und ausgewählte CDs, Getränke für die Zeit nach dem Ritual, Gefäße zum Mitnehmen der Steine und Asche sowie ein Wollknäuel am Platz des Sprechers.

Begrüßung und Erklärung des Rituals Hierbei sollte den Teilnehmern kurz erklärt werden, worin das Ziel des Rituals besteht: Die Gefühle der letzten Monate – Ungewissheit, Angst und Schmerz, vielleicht auch Wut und Schuld – sollen einen Raum und eine Ausdrucksform finden, sonst machen sie uns krank. Es geht darum, zuzulassen, zu akzeptieren, heil zu werden und weiterzuleben – auch und gerade mit der Trauer.

Erinnerung an die Verstorbene Wir wollen uns an Jennifer erinnern. Da wir ihren Körper nicht mehr sehen und berühren können, vergegenwärtigen wir sie uns mit Dingen, die zu ihr gehören und die uns an sie erinnern. Wir spielen die Musik, die sie gern gehört hat, wir denken an sie. Währenddessen legen die Teilnehmer, was sie von Jennifer und für sie mitgebracht haben, in die Mitte des Stuhlkreises.

Da dieses Ritual starke Emotionen freisetzen kann – und soll –, ist es wichtig, dass eine erfahrene Person durch das Ritual führt.

Sicherheit durch das, was bleibt Nun erzählen die Teilnehmer nacheinander, was ihnen die Gegenstände, die sie mitgebracht haben, bedeuten. Sie erzählen, was sie an Jennifer erinnert. Im Kreis liegen auch Symbole für den ewigen Kreislauf der Natur, des Lebens, das Wachsen, Vergehen und Neuwerden. In der Mitte des Kreises steht die Kerze, die Flamme, als Symbol für die Lebenskraft, die den Kosmos, die Welt und jeden von uns hervorgebracht hat, die uns erhält und uns eine beständige Kraftquelle ist.

Im Schutz der Gruppe Nun wird das Wollknäuel durchgereicht, wobei derjenige, der durch das Ritual führt, den Anfang des Fadens in der Hand behält. Um uns zu öffnen und unsere Gefühle zuzulassen, brauchen wir Vertrauen und die Sicherheit, nicht noch mehr verletzt zu werden. Dabei stellt der Kreis einen Schutzraum dar, in dem diese Sicherheit gegeben ist. Niemandem wird mehr passieren, als ihm schon passiert ist, die Teilnehmer passen gegenseitig aufeinander auf. Dazu knüpfen sie ein Netz der Beziehung, die alle zu Jennifer hatten, das verbindet die Teilnehmer miteinander. Wer das Knäuel bekommt, sagt seinen Namen und die Beziehung, die er oder sie zu Jennifer hatte. Dann wird der Faden festgehalten, das Knäuel aber dem Nächsten zugeworfen – am besten über die Mitte, damit Jennifer, die in der Mitte gegenwärtig ist, immer wieder mit einbezogen wird.

Gefühle zulassen Nun wenden sich die Teilnehmer ihren Gefühlen zu Jennifer zu; ein Musikstück, das sie geliebt hat, wird noch einmal gespielt. Dabei dürfen alle, auch widersprüchliche Gefühle zu Jennifer hochkommen. Gefühle zu ihr, als sie gelebt hat, und jetzt, da sie tot ist – Liebe, Trauer, Schuldgefühle, vielleicht auch Wut.

Den Gefühlen Raum geben In diesem Seelenraum haben die unterschiedlichsten Gefühle Platz: Wut, Schuld, Trauer und Liebe. Die verschiedenen Gefühle werden durch die Tücher symbolisiert. Die Teilnehmer sollen sie sich nacheinander ansehen, zulassen, eingestehen. Sie können dies in Worten, schriftlich oder in Gedanken tun. Wichtig ist, dass sie zu dem jeweiligen Platz hingehen und sich die Gefühle mit einer symbolischen Handlung bewusst machen:

- Wut: Einen Stein aus der Schale nehmen, sagen, warum man auf Jennifer wütend ist, und den Stein auf das rote Tuch legen.
- Schuld: Aufschreiben, welche Schuld man Jennifer gegenüber empfindet. Zu dem hellgrünen Tuch gehen, den Zettel laut oder leise noch einmal durchlesen und ihn über der Aschenschale verbrennen.
- Trauer: Zu dem blauen Tuch gehen, eine Schale mit Wasser nehmen, die Hände mit Wasser benetzen und sagen oder denken, warum man traurig ist, was man vermisst durch Jennifers Tod; dann das Wasser in den Krug gießen.
- Liebe: Zu dem goldenen Tuch gehen und sagen, warum und wie sehr man Jennifer geliebt hat und liebt; sich eine rote Rose mit auf seinen Platz nehmen.

Das Ritual soll helfen, die Ungewissheit in Gewissheit zu verwandeln, damit Versöhnung und Heilung stattfinden können.

Das Geschehene visualisieren Jetzt soll die vergangene Zeit noch einmal durchlebt werden, die lange, schreckliche Zeit, seit Jennifer verschwunden ist – nun allerdings mit der Gewissheit, dass sie tot ist. Niemand weiß genau, was passiert ist; viele stellen sich schreckliche Dinge vor und werden von diesen Bildern verfolgt. Wir wollen dieses Bild nicht wegschieben, aber es auch nicht als ein schreckliches, bedrohliches im Kopf behalten, denn Jennifer ist nicht schrecklich und bedrohlich, nicht im Leben und auch nicht im Tod. Wir wollen das Bild verwandeln in eines, das wir annehmen können. Deshalb stellen wir uns jetzt gemeinsam vor, wie es Jennifer wohl ergangen sein mag an jenem Morgen, als sie aus der

Schule wegging; wir wollen Jennifer auf ihrem letzten Weg in Gedanken noch einmal begleiten. Wir nehmen uns dazu an der Hand und schließen die Augen.

Wir stellen uns vor, wie sie den festen Entschluss zum Freitod fasste, wie sie im Wald einen passenden Platz zum Sterben suchte, wir sind bei ihr. Sie setzt sich, denkt an ihre Familie, ihre Freunde, an ihr Leben. Wir setzen uns neben sie, halten ihre Hand, lassen sie aber in Ruhe. Wir halten sie nicht ab, wir wissen, dass wir ihr nicht helfen können. Sie nimmt die Tabletten aus der Tasche, das Wasser, sie schluckt sie. Wir lassen sie das tun, wir umarmen sie und küssen sie und halten sie fest und merken, dass sie schläfrig wird und müde. Wir lassen sie zurücksinken in das weiche Gras, sie schläft ein. Wir sehen sie da liegen mit geschlossenen Augen, sie sieht friedlich aus und erleichtert und scheint fest zu schlafen. Ihr Atem geht ganz ruhig. Wir halten ihre Hand und merken, wie ihr Atem immer ruhiger wird und flacher, bis wir ihren Atem fast nicht mehr und dann gar nicht mehr spüren und ihr Körper ganz still liegt. Wir sehen, wie sich der Ausdruck auf ihrem Gesicht nach innen kehrt, wie die Spannung verschwindet und ein tiefer Friede ihre Züge überzieht, ein Friede, den wir vorher nie gesehen haben. Wir merken, dass sie gegangen ist. Wir streicheln ihre Hand noch einmal. Wir wissen, dass wir sie nicht zurückholen können. Wir wollen sie nicht zurückholen, denn sie wollte gehen. Wir lassen sie gehen. Wir müssen sie gehen lassen. Wir müssen sie loslassen. Wir lassen ihre Hand los und lassen sie in Frieden gehen.

Das Ritual dient dazu, dass die Teilnehmer ein friedliches, ganz und gar nicht bedrohliches Bild des Verstorbenen im Kopf und im Herzen behalten.

Die Teilnehmer lassen auch untereinander los. Sie fühlen die leeren Hände, den Abstand zu Jennifer, dass sie sie haben gehen lassen. Es ist ganz still. Dennoch bleiben wir bei ihr. Wir tun, was wir in Wirklichkeit nicht tun konnten. Wir spüren, wie die Elemente auf Jennifers Körper einwirken. Sie sinkt mehr und mehr in den Waldboden, ihr Fleisch verwandelt sich. Das hat nichts Bedrohliches, es ist die Einkehr in den ewigen Kreislauf des Vergehens und Neuwerdens, in dem wir alle, wie die Sonnenblume, an einem bestimmten Punkt sind. Jennifer ist wie eine Blume, die verwelkt, ihr Körper kehrt zurück zur Natur. Wir brauchen keine Angst vor diesem Bild zu haben, es ist so natürlich wie alles Vergängliche, und Jennifer wäre es recht gewesen, ein Teil der Natur zu werden, sie hat es sich ja so ausgesucht. Irgendwann hat Jennifers Seele ihren Körper verlassen. Ihr Körper wird schließlich gefunden. Wir sehen aus der Ferne zu, wie Polizisten kommen, wie Jennifers Körper auf eine Bahre gebettet und weggebracht wird. Später wird sie in einen hellen Kiefernsarg gebettet. Dieser Sarg ist ihr letztes Bett, in ihm wird ihr Körper eingeäschert werden. Dann hat auch er Frieden gefunden. Die Urne mit ihrer Asche werden wir gemeinsam beerdigen können, sodass wir uns jetzt innerlich von ihrem Bild zurückziehen und langsam zurückkehren zu unserem eigenen Dasein.

Ins eigene Dasein zurückfinden Nun sollen die Teilnehmer aus ihrer intensiven Versenkung behutsam in die Wirklichkeit zurückgeführt werden. Dabei ist es hilfreich, den Atem zu beobachten, wie er von selbst kommt und geht und uns ein gutes Gefühl schenkt. Wir fühlen die feste Erde, die uns trägt. Wir fühlen den Raum, in dem wir sitzen. Wir fühlen den Himmel, der uns Licht gibt und Luft zum Atmen. Wir fühlen die Anwesenheit der Menschen neben uns, wir öffnen die Augen. Wir nehmen das Netz wieder auf und sind wieder Teil dieser Gemeinschaft, die gemeinsam diesen Weg gegangen ist.

Am Ende des Rituals ist es wichtig, dass die Teilnehmer ins Leben zurückfinden, etwa durch einen kleinen Umtrunk, der Raum für Gespräche untereinander schafft.

Das Erlebte verarbeiten Zum Abschluss hören wir noch einmal Musik. Die Teilnehmer lösen sich aus der Gruppe und aus der Situation. Der Faden wird wieder zu einem Knäuel aufgewickelt. Dann geht jeder in die Mitte, nimmt sich eine Kerze, zündet sie an dem Lebenslicht an und sagt oder denkt, was er von Jennifer in sein Leben mitnimmt. Dann erzählt jeder von seinen Plänen und Vorhaben, auf die er sich freut, damit er sich wieder dem Leben zuwenden kann.

Im Leben ankommen Zum Schluss des Rituals können Getränke gereicht werden. Es bleibt Zeit für Gespräche und die herzliche Verabschiedung untereinander.

Das Ritual der Kleider

Die Kleidung ist unsere zweite Hülle – ein bedeutender Teil unseres Lebens, der noch lange bleibt, auch weit nach dem Tod. In der Regel können sich Trauernde schwer von Kleidungsstücken des Verstorbenen trennen. Es ist alles noch zu nah, sie tragen noch den Duft des Verstorbenen. Kaum einer bringt es fertig, seine Erinnerungen in einem Altkleidersack zu entsorgen. Deshalb fragen wir beim Besprechen der Trauerfeier immer nach der Lieblingskleidung des Verstorbenen und bitten die Angehörigen, etwas für den Abschied auszusuchen.
Die erste Reaktion darauf ist meist ungläubiges Staunen: »Die eigene Kleidung? Das geht?« Ja, das geht – und ist stimmiger als ein Sterbehemd vom Bestattungsinstitut, das uns zumindest immer an Krankenhauskleidung für Patienten erinnert. Ein Toter darf durchaus in seinen eigenen Sachen bestattet werden.

Die Kleidung weckt positive Erinnerungen

Tatsächlich ist die Kleidung des Verstorbenen ein wichtiger Teil der Trauer. Das Aussuchen der Kleidung für den Abschied ist der erste Schritt, sich aktiv mit dem Verlust auseinanderzusetzen; dafür sollte man sich Zeit nehmen, in Ruhe alles durchgehen und Erinnerungen noch einmal aufleben lassen.
Tut man dies allein, kann sich das Aussuchen der Kleidung zu einem inneren Dialog entwickeln, in dem man das Leben des Verstorbenen noch einmal an sich vorüberziehen lässt. Dieser Dialog kann Blockaden beseitigen und etwas in Bewegung bringen. Denn die meisten Kleidungsstücke haben ihre Geschichte.
Einmal kam eine Frau mit einem Radlerdress zu uns und erzählte uns, dass ihr Mann in jeder freien Minute mit dem Rad unterwegs gewesen sei: »Er würde sich gewünscht haben, in seinem Radlerdress beerdigt zu werden.« Hier geht es nicht um Stil – sondern allein darum, was den Angehörigen wichtig ist und was der Verstorbene sich seinerseits gewünscht hätte. Wir lassen die Ange-

hörigen immer selbst entscheiden, was sie dem Toten anziehen möchten. Es geht nicht darum, den Toten besonders feierlich herzurichten – es geht darum, aktiv zu werden und für seinen Mann, für seine Frau, für sein Kind selbst die Kleidung für die letzte Reise auszusuchen. Dabei können die Angehörigen noch etwas für den Verstorbenen tun, sie können entscheiden. Denn keiner kennt den Verstorbenen so gut wie sie, niemand ist ihm jetzt näher als sie. Auch dies ist ein letzter, liebevoller, nicht wiederholbarer Dienst für den Verstorbenen.

Natürlich kann der Verstorbene auch im Dirigentenfrack beerdigt werden, wenn er in seinem Beruf völlig aufgegangen ist – oder in der zerbeulten Jogginghose, in der er am liebsten auf der Couch saß. Die Angehörigen sollten das Gefühl haben, dass sich der Verstorbene darin wohlfühlen würde.

Ein wichtiger emotionaler Akt

Besonders berührt hat uns die Wahl der Mutter eines 16-jährigen Jungen, der sich von seinen Mitschülern isoliert gefühlt und aus Verzweiflung in seiner Schule erhängt hatte. Als ich die Mutter behutsam darauf ansprach, was sie ihrem Sohn gern anziehen würde, zögerte sie: »Bitte erschrecken Sie nicht und sagen Sie mir, wenn das nicht geht!« Dann zog sie ein T-Shirt aus dem Schrank – schwarz mit einem Totenkopf darauf. Wir sagten zu ihr: »Wenn er das gern getragen hat, ist es das richtige für ihn.« Dem Toten noch einmal etwas Gutes tun zu können ist ein rein emotionaler Akt – aber ein sehr wichtiger.

Wir lassen uns immer erzählen, warum ein Kleidungsstück diese Bedeutung für den Toten hatte, welche Erlebnisse sich daran knüpfen. Für uns als Trauerbegleiter ist dieser Schritt zusätzlich wichtig, weil wir durch ein Gespräch über die Kleidung das Schweigen aufbrechen können. Wir erfahren zudem etwas über die Persönlichkeit des Verstorbenen und seine Geschichte. Vor allem aber ist das Aussuchen der Kleidung der erste ermutigende Schritt, dass sich der Trauernde der Aufgabe stellt und aktiv mitmacht. Erinnern ist eine wichtige Form von Trauer.

Das Leid nach außen tragen

Über das Erinnern und darüber Sprechen trägt der Trauernde seine Trauer nach außen und frisst sie nicht in sich hinein. Für viele Angehörige bedeutet dies bereits eine große Erleichterung. Gemeinsam mit dem Angehörigen gehen wir die Sachen noch einmal

durch. Es geht darum, das besondere Kleidungsstück zu finden. Und um die Auswahl zu begründen, muss sich der Trauernde erinnern – etwa daran, zu welchen Gelegenheiten der Tote die Kleider anhatte. Das Erinnern setzt endlich Emotionen frei, die das Leid nach außen tragen.

Da es um das Lieblingsstück des Verstorbenen geht, sind es in der Regel die guten Erinnerungen, die bei den Hinterbliebenen auftauchen; sie entdecken, wie viel Schönes sie mit dem Verstorbenen gemeinsam erlebt haben. Dieses Wiederbeleben der positiven Erlebnisse unterstützt sie und ermöglicht es ihnen, die Sachen des Verstorbenen wieder zu berühren, ihren Duft einzuatmen und sich von ihm zu verabschieden. Beim Aussuchen der Kleidung darf geweint und gelacht werden, beides gehört dazu – wie auch im gemeinsamen Leben mit dem Verstorbenen.

Das Aussuchen der Kleidung für den Verstorbenen ist auch ein Ritual, das Verstorbenem und Trauerndem gleichermaßen dient.

Kleidung bei Kindern

Besonders bewegend ist das Thema Kleidung bei verstorbenen Kindern und Jugendlichen. Wenn wir bei den Eltern die Kleidungsfrage ansprechen, fließen meist Tränen. Wo immer es möglich ist, ermutigen wir die Eltern, mehr über ihr Kind zu erzählen: Welche Eigenschaften hatte es, welche Hobbys, was war das Lieblingsessen, der schönste Urlaub?

Die guten Erinnerungen vermischen sich mit dem Schmerz und ermöglichen es, den Schritt der Kleiderauswahl gehen zu können. Die Eltern vergegenwärtigen sich, wie viel man gemeinsam erleben durfte. Die Gespräche über die Kleidung stabilisieren und geben Kraft, weil sich automatisch auch positive, stärkende Emotionen auftun. Erinnerungen, die einem keiner nehmen kann und die Eltern gern wieder aufrufen, wenn der Schmerz sie zu überwältigen droht.

Der Cartanzug

Besonders in Erinnerung geblieben ist uns die Geschichte mit dem Cart-Rennanzug. Eine Mutter hatte ihren einzigen Sohn, der gerade einmal 18 Jahre alt gewesen war, unter dramatischen Umständen durch einen Autounfall verloren. Nun standen wir mit ihr in seinem Jugendzimmer und wollten gemeinsam ein Kleidungsstück für den Abschied aussuchen.

Wir blickten auf einen uniformen Stapel aus Jeans, T-Shirts und Tennissocken. Die Mutter starrte mit leeren Augen in den offenen Kleiderschrank. Plötzlich fasste sie uns am Arm und deutete mit leuchtenden Augen auf einen silberfarbenen Rennanzug, der über dem Bett ihres Sohnes hing: »Darf ich ihm den anziehen?« Dann fing sie an, von ihrem Sohn zu erzählen: dass er Cartrennen gefahren sei und seine ganze Leidenschaft dem Motorsport gegolten habe. »Natürlich geht das!« Wir freuten uns, dass die Mutter etwas gefunden hatte. Dann zeigte sie auf seinen Motorradhelm – den wollte sie auch. Das allerdings würde schwierig werden; mit einem Helm aus »unkaputtbarem« Kunststoff würden wir ihren Sohn nicht beerdigen dürfen.

Es gibt auch Vorschriften für Bestattungskleidung – doch längst nicht so viele und strikte, wie Sie vielleicht denken.

Vorschriften zur Bestattungskleidung

Grundsätzlich dürfen wir Verstorbenen alles anziehen, was aus Naturstoffen ist. Grenzen setzt nur die Deutsche Friedhofsverordnung, die beispielsweise die Beerdigung in Lederschuhen verbietet. Die einen sagen, weil Leder nur schwer verrottet, die anderen, weil man barfuß vor seinen Schöpfer treten sollte und der Einzige, der mit – roten – Schuhen vor Gott treten dürfe, der Papst sei. Allgemein wird der Verstorbene heute mit Socken und Hausschuhen beerdigt.

Die Lieblingskleidung schafft Vertrautheit

Stattdessen legten wir den Helm neben den Sarg des Jungen und ermunterten seine Freunde dazu, einen letzten Gruß an ihn darauf zu schreiben. Der Cartanzug hatte bei den Jugendlichen eine Verbundenheit und eine Atmosphäre der Vertrautheit geschaffen; mit dem Helm hatten sie zusätzlich eine Möglichkeit, sich auf ihre Weise von ihrem Freund zu verabschieden und auch der Mutter ihre Anteilnahme zu zeigen. Es wurde gelacht und geweint. Man umarmte einander, legte letzte Briefe in den Sarg. Der Junge wurde bei diesem Abschied zum letzten Mal Teil ihrer Gemeinschaft. Den Helm nahm die Mutter nach der Trauerfeier stolz mit nach Hause. Für sie war er ein Zeichen dafür, dass ihr Sohn geliebt und geachtet gewesen war in seiner Clique.

Vielen Menschen fällt es schwer, sich nach dem Tod eines geliebten Menschen von dessen Kleidung zu trennen. Nehmen Sie sich Zeit – Sie allein wissen, wann es so weit ist.

Sich von der Kleidung des Verstorbenen trennen

Nur ein einziges Mal haben wir erlebt, dass jemand die Kleidung des Verstorbenen bei unserer Anfrage, was der Verstorbene bei der Bestattung tragen sollte, bereits weggeworfen hatte. Häufiger sind Angehörige, die auch Jahre danach noch die komplette Kleidung des Toten im Schrank aufbewahren. Irgendwann kommt der Zeitpunkt für den Trauernden von ganz alleine, an dem er merkt, dass es gut ist, wenn er sich davon trennt. Doch muss jeder selbst spüren, ob das Alte das Neue blockiert, oder ob er die Sachen noch ein bisschen braucht. Wenn er dann eines Tages den Schrank öffnet und ohne Druck der Angehörigen sagen kann: »Das brauche ich nicht mehr«, ist der Zeitpunkt gekommen, auch die Kleidung gehen zu lassen. Beherzigen Sie dabei Folgendes:

- Kein Druck von außen: Hören Sie auf sich selbst, wann der richtige Zeitpunkt gekommen ist, sich von der Kleidung und anderen Erinnerungsstücken zu trennen. Sie fühlen das.
- Nichts überstürzen: Wenn der Schmerz Sie noch immer überwältigt, legen Sie die Sachen weg, schließen Sie den Schrank. Sie sind noch nicht so weit. Das ist völlig normal.

- Wenn Sie denken: »Den Lieblingspulli will ich noch behalten« – dann behalten Sie ihn.
- Geben Sie nichts gegen ein inneres Gefühl weg. Das bereuen Sie später und können es nicht mehr rückgängig machen.
- Überlegen Sie, ob Sie etwas in der Verwandtschaft verschenken wollen. Oft ist es schön, die Sachen wiederzusehen – und wenn Sie merken, dass das Wiedersehen schmerzt, können Sie das jederzeit offen ansprechen.
- Geben Sie die Sachen des Verstorbenen in die Altkleidersammlung oder schicken Sie sie persönlich mit einer Grußkarte im Namen Ihres Angehörigen an eine Familie in einem hilfsbedürftigen Land. Entsprechende Adressen gibt es in jeder Kirchengemeinde.
- Legen Sie sich ein kleines Schatzkästchen an mit besonders wichtigen Erinnerungsstücken. Wenn Sie Sehnsucht nach Erinnerung haben, holen Sie Ihr Schatzkästlein hervor.

Die meisten Menschen haben Angst davor, einen Toten noch einmal zu sehen. Wir versuchen, ihnen diese Angst zu nehmen.

Vorsicht vor falschen Beschützern

Neben den vielen individuell gestaltbaren Schritten ist der Abschied, den Familie und Freunde gemeinsam erleben, eine der wichtigsten Stationen auf unserem Trauerweg. Auch hier geht es wieder darum, ins Tun zurückzufinden, aktiv zu werden und den Verstorbenen noch einmal umsorgen zu dürfen – ihm Gutes zu tun, ihm etwas mitzugeben auf diese letzte Reise.

Dazu müssen wir uns jedoch noch einmal dem Anblick des Toten stellen. Wenn dies zur Sprache kommt, stoßen wir immer wieder auf Ablehnung, Widerstand und völlig falsche Erwartungen. Am meisten erstaunt es uns, dass solche Reaktionen oftmals von Psychologen kommen, die es eigentlich aufgrund ihrer Ausbildung besser wissen sollten. Aber wahrscheinlich kommen sie während des Studiums kaum oder gar nicht mit den Themen Sterben und Trauerbegleitung in Berührung und konnten weder in einem Hospiz Dienst tun noch auf der Palliativstation eines Krankenhauses Erfahrungen sammeln. Dabei wäre es auch für Therapeuten, die Menschen unterstützen, wichtig, sich mit der Trauerbegleitung auseinanderzusetzen.

Eigene Ängste überspielen

Den Tod erfahren, trauern lernen heißt leben lernen. Und genau darum geht es ja auch den Psychologen: Sie wollen Menschen in Zeiten seelischer Krisen unterstützend begleiten. Meist ist die Sorge um andere vorgeschoben, um eigene Ängste mit der Konfrontation mit einem Verstorbenen zu verstecken. Es sind die falschen Beschützer, die vor dem Abschied warnen. Sie schieben ihre Sorgen um den Trauernden vor, um die eigene emotionale Überlastung zu überspielen.

Zu Reaktionen dieser Art kommt es nach unserer Erfahrung häufig vor allem dann, wenn Kinder am Abschied teilnehmen sollen. Bei einem unserer Abschiede entstand vor dem Abschiedsraum plötzlich Unruhe und Bewegung, wir hörten einen lauten Wortwechsel. Eine Frau war sehr aufgeregt und redete energisch auf die Angehörigen ein.

Während die trauernde Familie dann in den Abschiedsraum ging, nahm die Frau uns zur Seite und bat uns vor die Tür. Sie war immer noch sichtlich aufgebracht und stellte sich als graduierte Psychologin vor: »Ich finde es eine Unverschämtheit, dass Sie hier ausgerechnet Kinder in den Abschiedsraum lassen möchten!« Sie wisse als Psychologin schließlich ganz genau um die schlimmen Folgen, wenn Kinder einen Toten sehen. Sie war eine Freundin der Familie, und es ging um die Enkelkinder, die sich von der Oma verabschieden wollten.

Sogar Psychologen raten häufig vom Abschied ab – ohne zu wissen, welche Chance sie dem Trauernden damit nehmen.

Harmonische Trauer

Der Psychologin erklärten wir, dass wir jeden Verstorbenen immer gemeinsam mit den Angehörigen verantwortungsvoll und achtsam verabschieden und welche guten Erfahrungen die Trauernden damit machten. Sie aber ließ sich nicht überzeugen und antwortete: »Darauf habe ich keine Lust!« Damit war uns klar, dass das Problem nicht bei den Kindern, sondern bei ihr, ihrem eigenen Unwohlsein und ihren eigenen Ängsten lag. Wir besprachen uns mit den Eltern und entschieden gemeinsam, den Abschied dennoch wie geplant durchzuführen. Etwas später betrat die Psychologin doch noch den Abschiedsraum, weil sie Kinderlachen gehört hatte – die Kinder waren gerade eifrig dabei, den Sargdeckel für die Oma zu bemalen, und wir beantworteten die vielen Fragen, die Kinder nun einmal zum Tod haben. Langsam entspannte sich die Psychologin, denn alles, was sie sah, waren eine harmonische, ruhige Trauergemeinschaft und aufgeweckte Kinder. Hinterher bedankte und entschuldigte sie sich bei uns: »Ich habe heute so viel gelernt wie noch nie zuvor in meinem Leben.«

Sind die Eltern persönlich vom Verlust betroffen, ist es gut, wenn eine Bezugsperson zusätzlich für die Kinder da ist. Die Eltern bekommen so den notwendigen Freiraum für ihre Trauer, ohne ihre Kinder vom Abschied auszuschließen.

Lassen Sie Ihr Kind entscheiden

Wir klären Eltern immer ausführlich darüber auf, wie wichtig es ist, dass auch Kinder am Abschied teilnehmen. Wir raten ihnen, die Kinder neutral zu fragen, ob sie den Verstorbenen noch einmal sehen wollen. Ist die Frage suggestiv formuliert – etwa: »Du musst nicht, wir können verstehen, wenn du Angst hast« – löst dies garantiert Ängste vor etwas Unbekanntem aus und legt nahe, dass auch die Eltern Angst haben. Lassen Sie Ihr Kind entscheiden.

Sollen Kinder mit auf die Beerdigung? Auch diese Frage wird uns oft gestellt. Der Verlust eines Menschen trifft die ganze Familie – und die Kinder gehören dazu. Es ist wichtig für sie, den Zusammenhang zwischen Tod und Beerdigung zu erfahren, sonst kommen später Fragen wie: »Wieso ist der Opa unter der Erde? Ich dachte, der ist im Himmel.« Das Grab des Angehörigen darf in ihrer Fantasie nicht zu einem geheimnisvollen, mysteriösen Ort werden. Sind Kinder in einem Alter, in dem sie selbst entscheiden können, sollten Eltern sie immer fragen und ihren Kindern vorab schildern, was bei einer Beerdigung passiert. Dass dort geweint wird und dass dort geweint werden darf.

Haben Kinder beim Abschied den Toten noch sehen dürfen, konnten sie sich selbst davon überzeugen, dass er nicht mehr lebt, ganz anders aussieht und nicht mehr so ist wie die Lebenden. Dieser leblose Körper kann ruhig beerdigt werden. Sie sehen, wie der Sarg in die Erde gelassen wird, schütten Erde darauf und werfen Blumen ins Grab. Der Tote hat seinen Platz, und es gibt keinen Raum für Geheimnisvolles. Mit solchen Ritualen wird Abschied genommen. Rituale sind das Gegenteil von Verdrängung.

Die Rituale des Abschieds

Traumata ausgleichen, den Tod »begreifen«, Schuldgefühle lindern, das seelische Gleichgewicht wiederherstellen – das sind nur einige der vielen Aufgaben, die der Abschied vom Verstorbenen durch seine Ventilfunktion hat. Bei diesem Abschied haben wir zum letzten Mal die Möglichkeit, dem Verstorbenen unsere ganze Liebe und Fürsorge zu zeigen. Neben dem Aussuchen der Kleidung gibt es noch viele andere Rituale, die dabei helfen, den Tod zu realisieren: das Waschen des Toten, das Anziehen, das Bemalen des Sarges, das Berühren der Hände oder das gemeinsame Schließen des Sargdeckels. Im Wissen um die Einmaligkeit dieses Augenblicks tun wir alles, um dem Verstorbenen gemeinsam mit den Angehörigen einen liebevollen, achtsamen letzten Abschied zu bereiten.

In unserer täglichen Arbeit als Trauerbegleiter merken wir immer wieder, dass Menschen, die diesen letzten Liebesdienst an ihrem Verstorbenen nicht leisten durften, viel länger und schmerzhafter darüber trauern, etwas versäumt zu haben. Die Bilder, die wir beim Abschied von unserem Verstorbenen mitnehmen, sollen uns etwas Versöhnliches mit auf den Weg geben: Erinnerungen, die wir später wieder abrufen werden, weil sie uns Trost spenden durch das gute Gefühl, nichts versäumt zu haben und gestärkt aus dem Erlebten hervorgegangen zu sein.

Ein Geschenk – für den Verstorbenen und für uns

Wir haben bislang immer wieder darauf hingewiesen, wie wichtig es ist, den Toten noch einmal zu sehen und ihn zu berühren, damit die Realität bei uns ankommen kann. Wie aber gestalten wir den weiteren Weg zu einem gelungenen Abschied, der Trost spendet? Vor diesem nächsten Schritt müssen wir uns wieder verinnerlichen, dass wir selbst dafür verantwortlich sind, ob unser Abschied uns hilft – oder nicht. Wir müssen die Offenheit und Bereitschaft dafür zunächst in uns selbst herstellen. Wir schaffen das, wenn wir die Einmaligkeit dieses Augenblicks in uns aufrufen und den Abschied für unseren Angehörigen als einen Dienst verstehen, den wir ihm erweisen – mit all unserer Liebe und Achtsamkeit. Es ist unser Abschiedsgeschenk, weil wir spüren, dass sich dafür alle Mühe und alle Fürsorge lohnt – denn dieser Moment wird nicht wiederkommen.

Mit diesem Ritual des Abschieds für unseren Verstorbenen finden wir selbst auf den Weg der Heilung, denn für das letzte Fest müssen wir selbst aktiv werden und damit vom passiven Erleiden zurück ins Tun und Gestalten finden: Die Vorbereitung für das letzte Fest hilft uns, mit liebevollen Gedanken Schönes zu erinnern und Versöhnung zu finden. Es ist unsere letzte Umarmung, die noch einmal alles ausdrücken wird, was unser gemeinsames Leben ausgemacht hat. Das wiederum ist das Geschenk des Verstorbenen an uns: Indem wir diese Gefühle zulassen, haben wir auf unserem Trauerweg einen wichtigen Schritt in Richtung Heilung getan. Das letzte Fest ist das schönste Abschiedsgeschenk, das wir geben können – und das wir erhalten werden.

Wenn Sie den Abschied als letzten Dienst an dem Verstorbenen verstehen, wird er Sie für den Rest Ihres Lebens stärken und positiv begleiten.

Am richtigen Ort

Für den Abschied brauchen wir Zeit und einen geschützten Raum in einer harmonischen Umgebung. Unsere Räume bei AETAS beispielsweise sind modern, lichtdurchflutet, luftig – und doch geschützt vor Blicken von außen. Natursteine und Holz in warmen, hellen Erdtönen prägen den ersten Eindruck. Die Menschen kommen trotz des Anlasses gern in unsere Räume, weil sie diese offene, freundliche Atmosphäre trägt und nicht noch zusätzlich niederdrückt. Es sollte immer das Versöhnliche, das Lebensbejahende im Vordergrund stehen. Ein Abschied ist wehmütig genug und tut weh – doch dadurch, dass wir durch den Schmerz gehen und durch den Schmerz begreifen, wird er uns am Ende wieder die Kraft schenken, den Verlust zu akzeptieren und für den Trost in der Gemeinschaft der Lebenden offen zu sein.

Waschen und Anziehen des Verstorbenen

Manchmal ist es Angehörigen wichtig, ihren Verstorbenen selbst zu waschen und ihm ausgesuchte Lieblingskleidung anzuziehen. Wir bestärken jeden, das zu tun, aber das Angebot wird leider viel zu selten genutzt.
Es sind fast immer Angehörige, die ihren Verstorbenen über lange Zeit Tag und Nacht gepflegt haben, die das wünschen. Nun waschen sie ihn, cremen ihn ein und ziehen ihn an, so, wie sie es über lange Zeit gewohnt waren. Jetzt dürfen sie dieses Ritual zum letzten Mal vollziehen. Wir sind die ganze Zeit dabei, unterstützen und helfen. Viele sind ganz erstaunt, wie schwer ein Körper in so einem entspannten Zustand des Todes ist.
Eltern, deren Kind gestorben ist, sind meist sehr dankbar, diesen letzten Dienst tun zu dürfen. Entweder bei uns oder bei sich zu Hause, was ungleich schöner ist. Wir bedauern, dass Angehörige nicht häufiger von diesem Angebot Gebrauch machen. Alle berichten hinterher ganz erfüllt von ihren Eindrücken und Gefühlen bei dieser letzten rituellen Waschung. Es ist ein symbolischer Akt: Der Verstorbene soll gut versorgt auf seine letzte Reise gehen.

Sie dürfen den Abschied von Ihrem verstorbenen Angehörigen auch bei sich zu Hause durchführen.

Schmücken des Raums

Den Abschied kann jeder auch bei sich zu Hause durchführen. Direkt vor dem Eingang zum Abschiedsraum steht bei uns ein Windlicht mit einer brennenden Kerze; sie steht symbolisch für den Verstorbenen und signalisiert bei uns, dass in diesem Raum gerade ein Verstorbener offen aufgebahrt ist. Direkt daneben steht eine Säule mit dem Namen des Verstorbenen. Dies soll den Trauergästen zum einen zeigen, wohin sie müssen, und zum anderen wird es für alle oftmals zum ersten Mal »sichtbar«, dass derjenige gestorben ist.
Der Sargwagen ist mit Tüchern abgehängt und mit Blütenblättern geschmückt. Im Herbst kann man auch Blätter nehmen, ebenso Flusskiesel oder Zweige – alles, was schön und ausdrucksstark

ist und sich draußen in der Natur einsammeln lässt. Wie beim Anziehen und der letzten Waschung geht es darum, dass man etwas tut, wenn man den Verstorbenen für seine letzte Reise schmückt. Der Abschiedsraum sollte nicht zu sehr dekoriert werden, da beim Abschied der Verstorbene und das bewusste Abschiednehmen im Vordergrund stehen. Zu viele Eindrücke könnten vom Eigentlichen ablenken. Wenn der Verstorbene zu Hause aufgebahrt wird, ist es wichtig, den Körper vor direkter Sonneneinstrahlung zu schützen und für eine ausreichende Raumbelüftung zu sorgen. Zusätzlich kann man Ängste vor dem Toten mittels eines angenehmen Dufts – etwa von einer Duftkerze oder frischen Kräutern – abbauen helfen.

In Ruhe ankommen lassen

Unsere Abschiedsräume sind bei der Begrüßung noch durch eine Schiebetür geteilt. Die Trauernden versammeln sich im vorderen Raum, während hinter der Schiebetür der Verstorbene offen aufgebahrt ist. Die Tür bleibt zunächst geschlossen. Das gibt Zeit, in Ruhe anzukommen, sich zu begrüßen, sich Trost zu spenden. Es ist uns ganz wichtig, dass wir zunächst einmal selbst spüren, wie es den Angehörigen geht. Deshalb führen wir sie in den Vorraum und schauen, wie die ersten Reaktionen sind: Wie groß sind die Ängste, wird miteinander geredet, spenden sich die Angehörigen durch Gesten und Berührungen Trost? Sind sie miteinander in Kontakt und offen füreinander, kann auf die emotionale Beziehung und Befindlichkeit der Menschen zueinander geschlossen werden.

Das Bemalen des Sarges bietet die Möglichkeit, dem Verstorbenen einen letzten Gruß zukommen zu lassen – und nicht nur Kinder nehmen diese Möglichkeit gern wahr.

Bemalen des Sarges

Eine ganz wunderbare Möglichkeit, ins Tun zu kommen und sich von dem Toten auf ganz individuelle Weise zu verabschieden, ist das Bemalen des Sarges, sei es mit Bildern, Sprüchen, Symbolen oder Handabdrücken. Oft wird geschrieben: »Ich liebe dich«, »Wir vermissen dich«, »Du warst der beste Papa der Welt«. Oder es wird ein Regenbogen, die Sonne oder Sterne gemalt. Jeder Trauernde hat die Freiheit, seinen Gedanken und seiner Trauer Ausdruck zu verleihen. Das Bemalen des Sargdeckels schafft immer Austausch und eine sehr harmonische Atmosphäre; es formt die Trauernden zu einer Gemeinschaft, weil man hier wiederum über das gemeinsame Tun ins Erzählen kommt und seiner Trauer eine Richtung geben kann. Gerade das gemeinsame Bemalen ist für Erwachsene und Kinder sehr schön und sinnerfüllt.

Beschreiben des Verstorbenen

Wir bereiten Trauernde auf den Abschied vom Verstorbenen immer sehr gut vor, um ihnen Ängste zu nehmen.

Bevor wir die Tür zum zweiten Raum öffnen, beschreiben wir genau, wie der Verstorbene jetzt aussieht. Kein Angehöriger soll unvorbereitet in diesen Abschied gehen. Kinder werden in kindgerechter Sprache vorbereitet. Zeit für die Einstimmung und eine genaue Schilderung, was die Angehörigen erwartet, ist dann besonders wichtig, wenn der Verstorbene durch einen Unfall Gesichtsverletzungen erlitten hat oder wenn er nach einem Suizid obduziert wurde. Wir erklären beispielsweise, dass er ein Pflaster am Hals hat wegen der Obduktionsnarbe; wenn er keine Haare hat, sagen wir, dass eine Narbe am Kopf zu sehen sein wird. Verletzungen werden immer entsprechend versorgt. Auch das sagen wir, aber es ist wichtig, dass die Angehörigen nicht irritiert sind über ungewöhnliche Veränderungen.

Betreten des Raums

Wenn wir merken, dass sich die Anspannung der ersten Minuten gelegt hat und wir alle Anwesenden entsprechend eingestimmt haben, öffnen wir die Tür und betreten zusammen mit den Angehörigen den Raum, wo der Verstorbene aufgebahrt ist.
Wir achten wieder genau darauf, wie sie reagieren. Intuitiv spüren die meisten Menschen genau, was sie tun möchten. Wir ermutigen sie, den Verstorbenen noch einmal zu streicheln. Oft geschieht das ganz von selbst, weil das Berühren ganz dem Bedürfnis der Menschen entspricht – wir begreifen, wenn wir mit den Händen etwas anfassen dürfen. Kinder nehmen alles in ihre Hände, um zu verstehen – das sollten wir Erwachsenen wieder lernen. Wenn

wir merken, dass die Menschen ganz steif und ängstlich am Sarg stehen, stellen wir uns dicht neben sie. Wenn wir spüren, dass es angebracht ist, nehmen wir selbst die Hand des Toten, streicheln sie und zeigen, dass dies etwas ganz Normales ist. So können wir Ängste nehmen. Und fast immer funktioniert dieses Signal an die Trauernden, es uns gleichzutun.

Auch hier kann man meist deutlich spüren, wie nach kurzer Zeit die Anspannung weicht. Meist kommt dann etwas sehr Schönes in Gang, es entsteht eine ganz bestimmte Stimmung im Abschiedsraum – ein unbeschreiblicher Gleichklang, der die Trauernden vereint. Alles ist möglich in diesen intensiven Stunden des Abschieds: stille, innere Einkehr, Trauer, Wehmut. Oder die Trauernden reden, lachen, weinen, erzählen vom Verstorbenen. Alles darf sein, in allem unterstützen wir sie.

Oft entsteht beim Abschied eine Stimmung des Gleichklangs, die die Trauernden vereint.

Den Tod mit allen Sinnen begreifen

Es gibt Abschiede, die ganz still sind, und Abschiede, die in ihrer Trauer sehr lebendig sind. Es gibt auch Abschiede, die Kraft abverlangen – denn je nachdem, wie die Todesumstände waren, rückt durch die Sichtbarkeit des Toten die Endgültigkeit des Todes ins menschliche Bewusstsein. Dadurch werden die bisher blockierten Emotionen freigesetzt.

Wir hören zu und ermutigen zum Sprechen und Weinen. Manche Angehörige fangen beim Anblick ihres Verstorbenen an zu schreien und zu weinen, sie schluchzen markerschütternd und lassen somit ihren Emotionen freien Lauf.

Die Legende vom Leichengift

Immer wieder hören wir von Angehörigen, dass sie sich nicht trauen, den Verstorbenen zu berühren – wegen des »Leichengifts«. Ein solches Gift gibt es nicht. Wenn keine ernsthaften infektiösen Erkrankungen vorliegen, können wir unseren verstorbenen Angehörigen anfassen, waschen, anziehen und bewegen.

Allerdings sollten Sie verstehen, was mit einem Menschen nach dem Tod geschieht. Die Körpertemperatur fällt nur langsam mit ungefähr 0,8 °C pro Stunde. Nach Eintritt des Todes legt sich bald eine dünne wolkige Schicht über die Augen und trübt sie ein; durch den fehlenden Blutkreislauf sinkt der Augeninnendruck, und die Augäpfel werden weicher. Deshalb schließt man einem Toten möglichst die Augen.

Die Leichenstarre – auch Totenstarre genannt – setzt erst vier bis zwölf Stunden nach dem Tod ein – und sie löst sich wieder nach ein paar Stunden. Sie ist gewissermaßen ein Nebeneffekt der absterbenden Muskelzellen. Die Leichenstarre tritt zuerst an allen kürzeren Muskeln ein; je größer und länger der Muskel – z. B. an Armen und Beinen –, desto später setzt die Leichenstarre ein.

- Wenn es geht, sollten die ersten Stunden nach dem Tod zum Waschen und Anziehen des Toten genutzt werden.
- Wenn Sie das Bedürfnis haben, dürfen Sie ruhig danach die Hände waschen, das ist nicht pietätlos.
- Legen Sie ein Tuch auf das Gesicht, falls Flüssigkeiten austreten.
- Eine Gefahr durch das Berühren des Toten oder durch das Einatmen eventueller Gase besteht nicht.

Da heißt es für uns: aushalten. Denn es ist die stärkste und für den Trauernden wichtigste Reaktion, weil der Schmerz ungehindert nach außen dringt. Wir bleiben im Raum, geben Zuspruch und Halt – wir ermutigen, wir verhindern nicht.

Die Hülle loslassen

Entscheidend für die Trauernden ist, dass sie ihre Angst vor dem Toten überwinden und sie in dieser Körperhülle wieder den geliebten Vater, die Mama, den Opa, die Oma sehen, von denen sie sich jetzt für immer verabschieden. Erst wenn die Angst verschwunden ist, öffnet sich ein Raum für andere, nicht angstbesetzte Gefühle unter den Trauernden. Der Tod kann hier viel von seiner Erbarmungslosigkeit und Kälte verlieren, wenn wir den Verstorbenen noch einmal berühren, ihm beim Anschauen noch wichtige Dinge sagen können, dabei seine vertrauten Gesichtszüge sehen, seine vertraute Kleidung – und eben nicht auf den Deckel eines geschlossen Sarges blicken müssen.

Nur ganz selten kommt es vor, dass Angehörige nicht möchten, dass andere den Verstorbenen sehen, und wir müssen den Sarg schließen. Oftmals aber fangen sie beim Anblick des Toten an zu weinen; sie begreifen langsam, dass derjenige wirklich tot ist, und denken: Wenn seine Seele fort und nur der Körper noch geblieben ist, seine Hülle also, dann ist es jetzt gut, ich kann den Körper des Toten loslassen, ich kann ihn beerdigen. Es wäre wohl kaum möglich, einen Menschen, den man lebend in Erinnerung hat, dem Feuer zu übergeben oder in die Erde zu legen.

Wenn wir den verstorbenen geliebten Menschen noch einmal sehen können, verliert der Tod viel von seiner Erbarmungslosigkeit und Kälte.

Die Endgültigkeit begreifen

Wenn sich die Angehörigen nach dem aufwühlenden ersten Anblick beruhigt haben und weinen, erzählen, anfassen durften, fragen wir, ob sie ein wenig unter sich bleiben wollen. Auch da gibt es unterschiedliche Reaktionen. Manche wollen, dass wir bleiben, andere möchten Stille für sich oder dem Verstorbenen allein noch etwas vorlesen – aus der Bibel, ein paar Gedichte, einen Brief. Die Vorstellung, dass man gehört wird und eine Verbindung zu dem Verstorbenen herstellen kann, ist hier noch ganz stark.

In diesem Fall verlassen wir den Raum meist für eine Weile, schauen in Abständen aber immer wieder kurz hinein und fragen, ob etwas fehlt. Meist fehlt überhaupt nichts, und wenn wir zum Abschluss wieder hereinkommen, sehen wir, dass viele Angehörige neben dem Sarg stehen, ihrem Verstorbenen die Hand gestreichelt und ihre Briefe und Sargbeigaben abgelegt haben. Sie haben sich verabschiedet und begreifen können, dass dieser Abschied endgültig ist.

Ritual: Der Stein für meinen Trauerort

Ein Stein wirkt kalt und leer. Ein Stein ist etwas sehr Starkes, nicht mehr Formbares. Er ist da mit all seinem Gewicht. Wie der Tod, der in unser Leben kam. Mit der Steinübung wollen wir unserer Trauer Ausdruck geben, indem wir uns auf die Suche machen, um ihn dann mit all unseren Gedanken gestalten zu können. Wir suchen einen großen, runden, glatten, besonderen Stein, mindestens handgroß. Wie wir ihn überall auf den Äckern, im Wald oder in einem Flussbett finden können. Einen schönen Stein, vielleicht mit einer außergewöhnlichen Maserung oder Form. Die Form wurde von der Natur gegeben – durch die vielen Waschungen und Reibungen. Es gibt Steine in Herzform, kantige, runde, flache oder ovale. Auf jeden Fall soll uns der Stein so gefallen, dass wir ihn gern mit nach Hause nehmen und aufstellen und anderen zeigen würden. Für die Suche nach unserem Stein lassen wir uns alle Zeit, die wir brauchen. Das kann Tage oder Wochen dauern. Wir suchen ohne Hast. Hauptsache, wir suchen immer dann, wenn uns danach ist und wir gerade offen sind für dieses Thema. Bei dieser Suche sind wir achtsam und wach. Wir konzentrieren uns nur auf unsere Atmung, atmen tief ein und nehmen die Natur in uns auf. Wir atmen aus und lassen damit unsere belastenden Gedanken hinaus. Wir können gemeinsam mit anderen suchen, aber wir sollten uns nicht ablenken lassen. Bewegen, atmen, nichts denken – nur suchen. Irgendwann werden wir unseren Stein

Das letzte Geschenk – Sargbeigaben

Dinge, die dem Verstorbenen im Leben wichtig waren, oder Dinge, die dem Angehörigen wichtig sind, dürfen dem Verstorbenen in den Sarg mitgegeben werden – das können Fotos, das Lieblingsbuch, ein Kuscheltier oder die Tageszeitung mit Lesebrille sein. Wie beim Aussuchen der Kleidung lassen wir uns immer gern erzählen, warum es ein bestimmter Gegenstand sein soll, welche Erlebnisse und Erinnerungen daran geknüpft sind. Da erfahren wir oft spannende und lustige Geschichten. Der Sinn der Sargbeigabe ist, dass sich der Angehörige aufmacht, etwas Besonderes auszuwählen, dass er an den Verstorbenen und das gemeinsame Leben gedacht

Ritual: Der Stein für meinen Trauerort

finden. Und es wird uns wie ein Zufall erscheinen, wenn wir unseren Stein finden – in einem Moment, in dem wir gar nicht damit gerechnet haben. Er wird uns einfach so ins Auge springen, ganz plötzlich. Das ist er! Wir fühlen das in diesem Moment. Wir fühlen Glück. Und das ist es auch. Denn in Wirklichkeit ist es so, dass der Stein uns findet – und nicht umgekehrt. Aber dazu braucht es eben Zeit und Gelegenheit – und lange Spaziergänge in der Natur. Zu Hause wird der Stein gesäubert, getrocknet und sorgsam aufbewahrt. Jetzt müssen wir ihn mit unseren Gedanken füllen. Zu einer Zeit, wenn wir dazu in Stimmung sind und Ruhe haben, zünden wir eine Kerze an und denken an all das Gute und Schöne, das wir mit unserem Verstorbenen zusammen erlebt haben. Wir bemalen den Stein. Wir schreiben den Namen unseres Toten darauf. Seinen Geburtstag, seinen Todestag. Wir malen Symbole, die wir mit dem Verstorbenen in Verbindung bringen, ein Herz, eine Sonne. Das Steinritual bieten wir gerade Eltern an, die ihre Kinder verloren haben, und es wird sehr gern angenommen. Viele suchen ihren Stein an einem Platz, wo sie mit ihren Kindern – oder bei Erwachsenen dem Lebenspartner – eine gute Zeit erlebt haben. Von dort nehmen sie einen schönen Stein mit, schmücken ihn und tragen ihn zum Grab ihres Verstorbenen. Hier erinnert er uns an gute Zeiten und weckt versöhnlichere Gefühle. Die Angehörigen haben ihrer Trauer wieder Ausdruck verliehen.

hat. Diese Sargbeigabe ist sein persönliches Abschiedsgeschenk. Wir haben von Golfbällen über die Gartenschürze bis zur Süddeutschen Zeitung oder einem Kochbuch schon alles dabei gehabt. Auch Kinder sollten die Möglichkeit bekommen, dem Verstorbenen Sargbeigaben mitzugeben, die ihrer Meinung nach eine Bedeutung für ihn haben könnten – dabei zählt allein, was das Kind sich dabei denkt. Bei toten Geschwisterkindern werden gern Spielsachen oder das Kuscheltier mitgegeben. Durch das Bemalen des Sarges und den Abschiedsgruß können Eltern auch die Geschwisterkinder in alles mit einbeziehen; auf diese Weise entsteht bei ihnen später nicht das Gefühl, etwas versäumt zu haben oder ausgeschlossen worden zu sein.

Die Sargbeigabe bringt die Trauernden auf gleich zweifache Weise ins Tun: Zum einen – wie beim Aussuchen der Kleidung – durch das Erinnern und zum anderen durch die Erkenntnis, dass dies ein Abschied für immer sein wird. Es ist der Beginn des Anerkennens, dass der Tod unweigerlich eingetroffen ist – der Trauerweg kann begonnen werden.

Der letzte Brief

Ein letzter Brief ist besonders hilfreich, wenn vieles nicht gesagt werden konnte. Hier kann sich jeder noch einmal öffnen und in einen inneren Dialog mit dem Verstorbenen treten. Das Aufschreiben der Gedanken schafft Klarheit und wirkt befreiend.

Wenn durch den Tod Dinge ungeklärt zurückbleiben, hat der Trauernde mit dem letzten Brief die Möglichkeit, alles Ungesagte zu sagen.

Einmal kam ein Vater zu uns, durch dessen Schuld der eigene Sohn einem Sexualverbrecher zum Opfer gefallen war. Er hatte den Täter als Freund in seine Familie geholt und alle Warnungen vor ihm in den Wind geschlagen. Wir sehen normalerweise keine Toten mehr, wenn wir abends nach Hause gehen, keines der Gesichter verfolgt uns dorthin, wir lassen sie ruhen – diesmal war es anders. Als wir den ermordeten Jungen bei uns für den Abschied vorbereiten wollten, fiel uns sofort sein Gesicht auf. Wir hatten noch nie einen so unglaublich traurigen Gesichtsausdruck gesehen, in dem anscheinend die Erkenntnis dieses kleinen Menschen erstarrt war, dass er jetzt sterben muss – der Täter hatte das Kind minutenlang mithilfe einer Plastiktüte erstickt.

Wir merkten, wie sehr der Vater unter dem unglaublichen Druck seiner Selbstvorwürfe und der Beschuldigungen seiner Umgebung litt. Er war zudem auch kaum fähig, seine Gefühle zu äußern; wir merkten nur, wie sehr es in ihm arbeitete. Und so rieten wir ihm, seinem Sohn doch einen Brief zu schreiben. Mit all den Dingen, die er ihm noch gern gesagt hätte, mit all seinen Schuldgefühlen. Er sah uns an und begann das erste Mal zu weinen. »Ja, das werde ich, das ist gut! Ich schreibe meinem Sohn alles, was ich ihm jetzt gern sagen würde!«

Seine Anspannung und Aggression, die im gesamten Gespräch zu spüren gewesen waren, lösten sich mit einemmal. Bis zu dem Zeitpunkt wollte er seinen Sohn nicht mehr sehen, jetzt war es für ihn

Ritual: Der letzte Brief

Suchen Sie sich Ihren Lieblingsplatz – sei es in der Wohnung oder im Garten. Wichtig ist, dass ein Tisch vorhanden ist, damit Sie schreiben können. Stellen Sie Kaffee oder Tee bereit und zünden Sie eine Kerze an. Stellen Sie ein Bild des Verstorbenen auf. Stellen Sie Telefon und Klingel ab, um absolute Ruhe zu haben. Das Ritual kann Minuten bis Stunden dauern. Wichtig ist, dass Sie nicht unter Zeitdruck stehen und sich emotional ganz auf das Ritual einlassen können.

Schreiben Sie Ihrem Verstorbenen in direkter Ansprache einen Brief. Schreiben Sie ihm all die Dinge, die Sie ihm noch gern gesagt hätten, was Sie mit ihm noch gern erlebt hätten, was nicht gut war, was gut war, warum Sie wütend sind und/oder traurig, was Ihnen leid tut ... Alles, was Sie auf der Seele tragen, sollte zu Papier gebracht werden. Es sollte ein sehr ehrlicher Brief werden: Werfen Sie alles ab an Emotionen, die Ballast zu werden drohen, wenn sie nicht ausgesprochen sind. Schließen Sie den Brief jedoch unbedingt versöhnlich ab. Ein Danke für eine schöne gemeinsame Lebenszeit ist aufbauend und entlastend. Sie können auch ein Bild malen und in den Umschlag stecken oder Blütenblätter aus dem Garten.

Mit diesem Brief trägt der Trauernde das, was er auf der Seele hatte, nicht mehr in sich; er hat es auf- und sich damit von der Seele geschrieben. Der letzte Brief dient der inneren Heilung und Loslösung. Was den Trauernden bewegt, gelangt zu der Person, zu der es gehört.

Sie können den letzten Brief entweder beim Abschied persönlich in den Sarg des Verstorbenen legen oder damit ans Grab des Verstorbenen gehen. Sollte es kein Grab geben, suchen Sie sich einen geeigneten Ort aus, vielleicht einen gemeinsamen Lieblingsplatz. Haben Sie eine vertraute Person, wäre es gut, wenn Sie von dieser begleitet würden und nicht allein wären. Lesen Sie den Brief dann laut vor – so gibt es »Zeugen«, und das Geschriebene wird auch ausgesprochen. Damit bekommen die Worte noch mehr Bedeutung. Anschließend verbrennen Sie den Brief und streuen die Asche auf das Grab. Übrigens gibt es auch in der Trauerbegleitung ein »Beichtgeheimnis«: Kein Trauerbegleiter wird diesen Brief anrühren. Wir werden im Gegenteil dafür sorgen, dass andere es auch nicht tun.

keine Frage mehr, dass er persönlich diesen Brief in den Sarg legen würde. Unmittelbar danach fing der Vater bitterlich zu weinen an. Allen bisher blockierten Gefühlen konnte er in diesem geschützten Raum freien Lauf lassen. Es war wirklich erschütternd, diesen großen Mann so weinen zu sehen – keineswegs, weil Männer nicht weinen dürfen, sondern weil daran seine Schuldgefühle in ihrer ganzen Erbarmungslosigkeit sichtbar wurden. Kein Mensch wird ihm dieses Schuldgefühl abnehmen können – aber wenigstens hatte er durch diesen letzten Brief eine Chance bekommen, seinen Sohn ein Stück weit um Verzeihung zu bitten.

Erinnerungen schaffen

Wir brauchen nicht alles ins Grab zu geben – wir können auch für uns selbst Erinnerungen behalten. Jeder Mensch hinterlässt Spuren im Leben, egal, wie groß oder klein er war, und diese Spuren können uns bei der Realisierung und Akzeptanz des Todes helfen.

- Brennen Sie z. B. die Hand- und Fußabdrücke des Verstorbenen in Ton. Diese Abdrücke sind gerade bei unseren ganz klein Verstorbenen oftmals die einzig »greifbare« Erinnerung, die den Eltern bleibt.
- Gestalten Sie eine Erinnerungskerze.
- Schneiden Sie eine Haarlocke ab und geben Sie sie in einen Bilderrahmen.
- Wenn das Kind bei der Geburt verstorben ist, sollten Sie ihm dennoch einen Namen geben und nicht von einer Fehlgeburt sprechen. Sie können auch eine eigens erstellte Geburtsurkunde mit Namen und Daten beantragen.
- Stellen Sie sich bewusst der Trauersituation; feiern Sie z. B. den Geburtstag des Verstorbenen im Kreis der Familie.

»Es ist nicht zu wenig Zeit, die wir haben, sondern es ist zu viel Zeit, die wir nicht nutzen.«
Lucius Annaeus Seneca

Bei älteren Kindern oder Jugendlichen haben sich schon mehr gemeinsame Erinnerungen gebildet als bei kleinen Babys, und es finden sich schon viel mehr Dinge, die die Erinnerung bewahren. Denn wie gesagt geht es beim Trauern nicht ums Vergessen, sondern darum, bewusst erinnern zu können und den Verlust in unser Leben zu integrieren.

Das Erinnerungsfoto

Wir motivieren Trauernde, Fotos von ihrem Verstorbenen zu machen – oder wir machen es für sie. Gerade wenn ein Kind früh stirbt, bleibt sonst zu wenig; da können Fotos, die man später anschauen kann, wirklich helfen. Auf Fotos bleibt für jeden Trauernden und das Umfeld sichtbar, dass mein Kind, mein Mann, meine Frau … tot ist. Der Trauernde hat die Möglichkeit, die Fotos immer wieder anzuschauen; oft ist es auch »nur« ein gutes Gefühl, die Fotos zu haben, ohne sie anzuschauen. Viel schlimmer ist es, wenn man sich später ein Foto wünscht – aber die Chance dazu vertan wurde. Im Zweifelsfall sollte man diesen ungewöhnlichen Schritt einfach wagen. Wer will, kann heute eine Trauerfeier und Beerdigung auch filmen lassen und allen Beteiligten später ein gestaltetes Erinnerungsalbum oder eine DVD zukommen lassen. Hochzeiten, Geburtstage werden selbstverständlich fotografiert und festgehalten, warum also nicht auch das letzte Fest?

Es ist wichtig, dass Sie beim Abschied so viel wie möglich selbst für den verstorbenen geliebten Menschen tun. Dies vermittelt Ihnen ein Gefühl der Fürsorge und nimmt Ihnen das Gefühl der Hilflosigkeit und Ohnmacht.

Den Sarg schließen

Den Sarg gemeinsam zu schließen ist eine sehr schöne rituelle Handlung, die für die Angehörigen sehr bewegend ist. Sie macht den Tod noch bewusster und greifbarer: Ich sorge bis zum Schluss für meinen Verstorbenen und führe auch den entscheidenden Akt durch – den Sarg schließen. Wenn der Sarg auch gemeinsam bemalt wurde, vollendet sich dieser Akt. Am Tag der Beerdigung wissen wir, dass wir den letzten Blick auf unseren Toten geworfen haben und niemand sonst. Wir haben ihn sicher eingebettet. Wir haben ihn umsorgt und verabschiedet. Das spendet mehr innere Ruhe, als man sich als Nichtbetroffener vorstellen kann.

Sargwagen schieben oder Urne selbst tragen

Wenn die Trauergemeinschaft den Angehörigen zum Grab des Verstorbenen begleitet, ist das tröstlich. Viele erleben es als noch tröstlicher, wenn der Sarg von den nächsten Verwandten oder guten Freunden getragen wird. Es zeigt noch einmal Wertschätzung

für den Toten und demonstriert die Geschlossenheit der Trauernden in ihrem Wollen, den Verstorbenen zu ehren. Wirklich tragen muss den Sarg niemand – es gibt einen Sargwagen, auf dem der Sarg zum Grab gefahren werden kann. Entscheidend ist auch hier wieder das Tun – nicht alles aus der Hand geben zu müssen unterstützt den Trauernden in seiner Trauerarbeit.

Von Beileidsbekundungen bitten wir abzusehen

Anstelle der symbolischen Schaufel Erde können auch Blütenblätter ins Grab geworfen werden.

Eigentlich auch ein schöner Brauch, der aus der Mode gekommen ist, weil er als zu belastend angesehen wird: die persönliche Beileidsbekundung für den Hinterbliebenen am Grab. Der Sinn dieses Brauchs ist es, dass die Trauergäste ihrer Trauer noch am Grab Ausdruck verleihen können – und der Sinn für den Trauernden besteht darin, diesen Zuspruch zu empfangen und sich von der Gemeinschaft tragen zu lassen. Wenige Worte sind in dieser Situation mehr. Ein Händedruck, ein Streicheln der Hände, vielleicht eine Umarmung und ein zusprechendes Lächeln bedeuten mehr als eine lange Ansprache.

Die Trauerfeier – das letzte Fest

Jeder einzelne Schritt zur Gestaltung des letzten Fests hilft uns, das Leben des Verstorbenen in all seinen Facetten zu zeigen. So bunt, wie das Leben jedes einzelnen Menschen ist. Damit drücken wir noch einmal aus, was unser gemeinsames Leben geprägt hat, welche Spuren wir hinterlassen haben, welchen Weg wir gemein-

sam gegangen sind. Dies wird oftmals in Worte gefasst. Schön ist es immer, wenn dies ein Mensch vorträgt, der den Verstorbenen kannte – sei es ein guter Freund oder ein Verwandter. Ein weiterer Schritt für die Angehörigen zur inhaltlichen Gestaltung des letzten Fests ist die Auswahl der Lieblingsmusik des Verstorbenen. Beim Hören der Musik werden Gefühle geweckt, und die Tränen kommen ins Fließen. Das wiederum ist das Geschenk des Verstorbenen an uns: Indem wir diese Gefühle zulassen, haben wir auf unserem Trauerweg einen wichtigen Schritt in Richtung Heilung getan.
Ein Abschlussritual ermöglicht es allen Anwesenden, bei der Trauerfeier eine gemeinsame rituelle Handlung zu vollziehen. Es gibt der Trauerfeier ihren Rahmen und setzt den bewussten Schlusspunkt. So ist z. B. das Anzünden einer Kerze am Sarg des Verstorbenen auch ein Zeichen dafür, dass die Seele auf dem Weg ist und – für die Hinterbliebenen – dass nach jedem Dunkel auch wieder ein Licht kommt, für das man aber auch selbst sorgen muss. Ebenso ist das Steigenlassen von Luftballons, mit Wunschzetteln für den Verstorbenen, eine Möglichkeit, sich bewusst dem letzten Abschied zu stellen.

Das letzte Fest ist das schönste Abschiedsgeschenk, das wir geben können – und das wir erhalten werden.

Das Grab gemeinsam zuschaufeln

Diese Handlung ist emotional für viele sehr wichtig und wird oft als sehr befreiend empfunden. Kein Trauernder sollte diesen Dienst allein tun. Am besten sollte man drei bis vier gute Freunde der Familie fragen, ob sie helfen wollen. Beim Arbeiten kommt man wieder ins Erzählen und Erinnern und man kann sich – so seltsam es klingt – bei der körperlichen Tätigkeit entspannen und von all den Gefühlen, die während Trauerfeier und Beerdigung auf einen eingestürmt sind, erholen.

Der Leichenschmaus

Dies ist keine lästige Aufgabe, sondern ein wichtiger Abschluss für das letzte Fest. Wir kennen Familien, die beim Leichenschmaus üppig tafeln und trinken und noch einmal einen Toast auf den Verstorbenen ausbringen. Der Trauernde wird von der Gemeinschaft getragen und erfährt durch das gemeinsame Erinnern an den Verstorbenen Trost. Beim Leichenschmaus wendet man sich schon allein durch das Essen wieder dem Leben zu – und das sollte auch die Zielrichtung dieses schönen traditionsreichen Brauchs sein.

Das Grab als Ort der Erinnerung

Unsere Friedhöfe und Gräber sind unglaublich wichtig für die Verortung der Trauer. Unsere Verstorbenen sollen hier Spuren ihres Lebens hinterlassen, als Botschaft an die Überlebenden, die ihnen folgen werden: beispielsweise mit einem speziell hergestellten Grabdenkmal oder einer besonderen Grabinschrift. Selbst die Deutsche Friedhofsverordnung lässt inzwischen mehr Spielräume für eine individuelle Gestaltung, als man denkt. Die Trauernden haben Zeit, alles in Ruhe zu planen und auszuwählen. Kein Mensch sagt etwas, wenn das Grabzeichen erst Wochen, Monate oder Jahre später auf dem Grab steht. Umso mehr Aufmerksamkeit wird es bekommen, wenn sich eine schöne Idee, ein origineller Einfall im Grabzeichen manifestiert, und alle später sagen: Ja, so war er.

Es ist gut, wenn unsere Trauer einen Ort hat – daran sollten Sie denken, wenn Sie sich mit verschiedenen Formen der Bestattung auseinandersetzen.

Gestalten Sie das Grab zu Ihrem Platz der Andacht, an den Sie gern gehen, weil er Ihnen Kraft schenkt – und nicht Kraft nimmt. Vergleichen Sie doch einmal die schönen alten Dorffriedhöfe rund um unsere Kirchen mit den heute üblichen Gräbern nach DIN-Standard: Früher erzählte uns die Grabinschrift noch etwas über den Toten, welchen Beruf er hatte, seine Todesumstände – und kein Grabzeichen war wie das andere. Es gab später auch die schöne Sitte, ein Foto in den Stein zu setzen – warum nicht? Ein originelles Grabzeichen hat keineswegs nur mit Geld zu tun – sondern mit unserem Willen, unserer Trauer Ausdruck zu verleihen.

Pflanzen – Symbolbilder für Leben und Tod

Blumen und Pflanzen, Büsche, Bäume oder Kräuter begleiten uns das ganze Leben. Auch Pflanzen haben in unserer Geschichte eine Bedeutung, deren Symbolkraft sich bei der Gestaltung des Grabes nutzen lässt. Über die Jahrhunderte hat sich in unserer Kultur eine

Das Ritual des »Laststeins«

Wir hatten eine Kollegin, die jeden Morgen einen dicken Stein mit zur Arbeit brachte und auf ihren Schreibtisch legte. Abends, wenn sie ging, war der Stein wieder verschwunden. Wir grübelten die ganze Zeit, was das wohl bedeuten könnte, bis wir sie eines Tages fragten. Sie sagte: »Am Morgen lege ich den Stein auf meinen Schreibtisch, und dann lade ich alles auf ihn ab, was sich tagsüber an Belastendem und Unerledigtem anhäuft. Abends, wenn ich gehe, nehme ich den Stein mit vor die Tür und lege ihn hier ab. Ich nehme ihn nicht mit nach Hause – und ich lasse ihn nicht an meinem Platz. So kann ich unbelastet von Sorgen meine Freizeit genießen und am nächsten Morgen wieder unbelastet meine Arbeit aufnehmen – dann liegt der Stein wieder auf meinem Tisch.«

Pflanzensprache entwickelt, in der Linde, Myrthe und Efeu beispielsweise die Ehe symbolisieren, Lavendel, Stiefmütterchen und Thymian die Erinnerung und Erdbeere, Ginster sowie Veilchen Bescheidenheit und Demut. Es gibt ein ganzes Lexikon der Pflanzensymbolik, in dem der tiefe Sinngehalt, der Duft und die Heilkraft der Pflanzen beschrieben werden – so sollten Ilex, Wacholder und Birke etwa Böses abwehren.

Bei der Suche nach den passenden Pflanzen für den individuellen Ausdruck der Trauer – sei es bei der Beerdigung oder später bei der Gestaltung des Grabes – wird Ihnen jede ausgebildete Floristin gern behilflich sein.

Wie ich selbst trauern lernte

Wie erfahren wir Trauer? Wie können wir unsere Erfahrungen weitergeben? Durch Erzählen. In Nicole Rinders eigener Geschichte werden Sie alle beschriebenen Zeiten der Trauer (siehe S. 46ff.) wiederentdecken. Sie erzählt sie, um Ihnen Mut zu machen, sich dem Trauerprozess zu stellen.

Nicole:

Mein Sohn war vier Tage alt. In dem Moment, als er starb, öffnete er die Augen, sah mich an und hauchte mit einem Seufzer den Rest seines kurzen Lebens aus. Ich erzähle diese Geschichte aus Dankbarkeit darüber, dass ich in der schwersten Krise meines Lebens Menschen fand, die mich in idealer Weise, jeder auf seine Art, in meiner Trauer begleiteten und mir halfen, das alles zu überstehen.

Eine ganz normale Schwangerschaft

Die Schwangerschaft war gut verlaufen. Ich arbeitete zu diesem Zeitpunkt als Arzthelferin bei einem Frauenarzt. Mein Mann und ich freuten uns auf unser Kind und waren kurzfristig in eine größere Wohnung umgezogen. Packen, Heben, Stress – man schont sich als junge Frau ja nicht, nur weil man ein Baby bekommt. Ich wusste es da noch nicht besser, und bis auf das Übliche fühlte ich mich auch in keiner Weise eingeschränkt. Zu Beginn der 23. Schwangerschaftswoche hatte ich wie aus heiterem Himmel plötzlich fürchterliche Bauchschmerzen. Mein Chef sagte zu mir: »Leg dich mal hin, wir machen eine Ultraschalluntersuchung und legen den Wehenschreiber an.« Wehenschreiber, wieso Wehenschreiber? Es war damals die Zeit, in der ein Frühchen in der 23. Woche nur geringe Überlebenschancen gehabt hätte.

Mein Chef begann seine Untersuchung. Plötzlich wurde er ernst. Er untersuchte mich sehr intensiv, machte mehrere Durchgänge.

Dann sah er mich besorgt an und sagte: »Nicole, mach Schluss für heute und fahr in die Klinik. Was ich da sehe, gefällt mir nicht. Vielleicht ist alles nur falscher Alarm, aber besser, wir lassen das noch von einem anderen Arzt ansehen.«

Beunruhigende Nachrichten

Die Ärzte in der Klinik diagnostizierten tatsächlich vorzeitige Wehen, beruhigten mich aber. Ich müsste jetzt nur Ruhe bewahren – ich sollte zur weiteren Beobachtung in der Klinik bleiben und bekam wehenhemmende Medikamente. Trotzdem war ich sehr besorgt. Wenig später standen mein Mann und die ganze Familie neben meinem Klinikbett. Die Wehen verschwanden relativ schnell wieder. Die Ursache war ganz eindeutig der Stress in der Arbeit und dieser Umzug, so schien es.

Ich blieb eine Woche auf Station. Der Arzt wollte mich sogar für den Rest der Schwangerschaft krankschreiben. Das wollte ich allerdings nicht – ich hatte ein schlechtes Gewissen, meine Kollegen im Stich zu lassen. Doch der Arzt sagte: »Sie wollen doch nicht Ihr Kind verlieren, oder?« Nein, natürlich wollte ich das nicht. Und so blieb ich zu Hause. Es war ein schöner Sommer, ich war viel draußen zusammen mit meiner damaligen besten Freundin, die – wir hatten das nicht abgesprochen – zur gleichen Zeit schwanger war. Zwei glückliche Schwangere mit dickem Bauch auf der Parkbank. Wir gingen brav zur Schwangerschaftsgymnastik, zum Baden, zu den Routineuntersuchungen – alles schien wieder in Ordnung.

Es war schön, zu Hause bleiben zu dürfen, weil ich mich nun voll auf meine Schwangerschaft konzentrieren konnte.

Entschluss zur Geburt im Geburtshaus

Ich wollte mein Kind im Geburtshaus zur Welt bringen und hatte mich ganz klar gegen eine Klinik entschieden – weil ich Krankenhäuser nicht mag und bis heute finde, dass in Krankenhäuser, wie der Name schon sagt, nur wirklich kranke Menschen gehören. Als Schwangere empfand ich mich alles andere als krank. Vorbild waren für mich die Schweden, bei denen die Hausgeburt völlig normal ist. Wenn eine Frau in Schweden zur Geburt ins Krankenhaus geht, fragen alle immer sehr ängstlich: »Was stimmt bei dir nicht, müssen wir uns Sorgen machen?«

Meine Kurse im Geburtshaus hatten mir die Angst vor der Geburt genommen; ich war sicher, dass ich das selbst schaffen würde, zusammen mit meiner Hebamme, zu der ich tiefes Vertrauen gefasst hatte. Zudem hatte ich ja aufgrund meiner Tätigkeit beim Frauenarzt sehr gute Kenntnisse, was passieren kann und an welchem Zeitpunkt es kritisch wird. Wenn es wirklich Komplikationen geben würde, käme ich sofort in die Klinik; die Ärzte dort hatten mich mehrfach untersucht und waren auf mich vorbereitet.

Auch mein Mann war mit dem Geburtshaus einverstanden und hatte für den Zeitraum des Entbindungstermins Urlaub angemeldet – was immer wichtig ist, weil der Vater in der ersten Woche nach der Geburt seine Frau pflegen muss.

Perfekt vorbereitet

Meine Untersuchungen im Geburtshaus und beim Frauenarzt waren alle ohne auffälligen Befund. Ich fühlte mich perfekt vorbereitet, behütet und war voller Vorfreude auf mein Kind. In der 23. Schwangerschaftswoche fragen die Ärzte immer, ob man den großen Ultraschalltest machen möchte, um das Ungeborene auf mögliche körperliche Schäden zu untersuchen. Bis zu diesem Zeitpunkt könnte eine Schwangere nach der Gesetzeslage ein schwer geschädigtes Kind theoretisch noch abtreiben lassen. Doch das kam für mich nicht infrage, wie für viele andere Mütter auch nicht. Ich hatte mich entschieden: Ich nehme mein Kind an – selbst wenn es behindert wäre. Und so entschied ich mich trotz der vorzeitigen Wehen gegen den großen Ultraschall. Und alles verlief weiter ohne Auffälligkeiten.

Dann kam die 36. Schwangerschaftswoche, vier Wochen vor dem Entbindungstermin. Wir waren auf eine Hochzeit in der Nähe von Regensburg eingeladen, und ich hatte schon einen ziemlich großen Bauch. Da ich unbedingt auf die Hochzeit wollte, fragte ich meinen Frauenarzt bei der Routineuntersuchung, ob das noch möglich wäre.

Er begann mit der Ultraschalluntersuchung – die kein Ende nehmen wollte. Seine Miene wurde zunehmend besorgter, und anschließend empfahl er mir, doch noch die große Ultraschalluntersuchung machen zu lassen – nur zur Sicherheit. Als er mir eine Überweisung an einen der führenden Pränataldiagnostiker in München ausstellte, hätte ich stutzig werden müssen – doch ich dachte nur an die schöne Hochzeit.

Normalerweise ist eine Wartezeit von zwei Wochen bei diesem Arzt üblich, doch ich hatte Glück: Eine Patientin hatte abgesagt, ich konnte sofort kommen. Und so saß ich eine Stunde später in seiner Praxis.

Und plötzlich ist nichts mehr, wie es war

Der Arzt begrüßte mich sehr freundlich: »Ihr Arzt sagte mir, Ihr Kind sei noch ein wenig klein. Aber was will er denn? Sie sind doch auch nicht sehr groß, da werden Sie doch keinen Riesen bekommen!« Mein Gynäkologe hatte ihn bereits angerufen, mein Krankenblatt lag schon vor. Die Ultraschalluntersuchung begann, und ich konnte auf einem großen Monitor alles mitverfolgen. Zum ersten Mal sah ich deutlich, dass ich einen Sohn gebären würde. Ich sah seinen Kopf, das Gesicht, seine Ärmchen, wie er sich bewegte. Ich sah sein Leben. Mich erfasste ein unglaubliches Glücksgefühl. Der Arzt intensivierte seine Untersuchungen, legte Kassette auf Kassette in das Gerät. Dann zog er die Vorhänge zu, anscheinend wollte er alles noch deutlicher sehen. Er wiederholte den Untersuchungsvorgang. Über die Sprechanlage rief er seine Kollegin dazu. Ich hörte, wie sie sich intensiv austauschten und offensichtlich auch Ultraschallaufnahmen anschauten. Dann fingen sie an zu flüstern. Ich war zunächst der festen Überzeugung, sie würden sich über eine andere Patientin unterhalten – ich war so arglos, dass ich nie auf die Idee gekommen wäre, es würde um mich gehen. Ich war so sicher, bei mir sei alles in Ordnung. Aber es ging um mich. Die Ärztin verließ den Raum. Die Vorhänge wurden wieder aufgezogen. Der

Auf dem Ultraschallbild konnte ich nun zum ersten Mal deutlich sehen, dass ich einem Sohn das Leben schenken würde.

Arzt sagte über die Anlage zu seiner Sprechstundenhilfe: »Sagen Sie den Patientinnen draußen bitte, dass heute alles etwas länger dauern wird.« Erst in diesem Augenblick ergriff mich ein Gefühl von Panik und Verzweiflung. Und so begann mein langer Weg durch die Zeiten der Trauer.

Die Diagnose – Verleugnung

Der Arzt wandte sich nun mir zu. Nach einer Pause, in der er nach Worten suchte, sagte er: »Ihr Kind ist krank. Ihr Kind ist sehr schwer krank.« Da war es aus. Ich fing an zu schluchzen. Darauf sagte der Arzt: »Bitte beruhigen Sie sich. Wir müssen über alles reden.« Ich hörte seine Worte, aber ich verstand ihren Sinn nicht. Ich dachte in meinem Schock nur: Was will der bloß von mir? Ich will nicht mit dem über mein Baby reden! Alles in mir wollte das Unabänderliche leugnen, ein schlechter Traum nur, gleich würde ich aufwachen, und alles wäre wieder gut. Was hier gerade geschah, konnte nichts mit mir zu tun haben. Erst Jahre später würde ich wissen, dass ich in der Phase des Verleugnens war, des Abstreitens, des Nichtwahrhabenwollens – ein Strudel, der alle Menschen erfasst, die eine solche Hiobsbotschaft bekommen.

Als der Arzt mir sagte, mein Kind sei schwer krank, war ich unfähig, irgendeinen klaren Gedanken zu fassen. Ich hatte das Gefühl zu ersticken und fühlte keinen Boden mehr unter den Füßen.

Der Arzt sprach weiter mit ruhiger Stimme auf mich ein: »Ihr Kind hat ein Aneurysma, ein Blutgerinnsel im Gehirn. Dieses Gerinnsel kann man operieren. Es wird am offenen Hirn operiert, es gibt da zwei Experten in Brüssel und in Hamburg, die Heilungsquote bei denen ist sehr gut.« Ich saß nur da und schluchzte völlig aufgelöst in mich hinein. Ich hörte. Aber ich verstand nicht. Ich konnte nicht mehr klar denken. Der Arzt schlug mir vor, erst einmal nach Hause zu gehen und abends mit meinem Mann wiederzukommen. Er wollte in der Zwischenzeit andere Experten konsultieren.

Vielleicht war doch alles nur ein Irrtum?

So taumelte ich aus der Praxis heraus. Mit einem Schlag war mein Leben ein anderes. Mein Mann war an diesem Tag zu Hause. Ich fiel ihm schluchzend in die Arme und stammelte nur: »Er ist krank, er ist krank.« Dann weinten wir beide. Wir riefen unsere Eltern

an, suchten im Internet nach Informationen über Aneurysmen bei Säuglingen. Die Heilungschancen waren durchaus gut, was uns wieder Mut machte. So sagten wir uns: Wir haben ein krankes Kind, aber die Krankheit ist heilbar. Es wird dann eben keine Hausgeburt werden, ich gehe doch ins Krankenhaus. Und die Operation würde unser Baby retten. Egal, ob in Brüssel oder Hamburg. Wir hatten Hoffnung, weil dieser Weg eine Lösung versprach. Außerdem: Vielleicht würde sich alles doch noch als Irrtum herausstellen? Ermutigt beschlossen wir, alles Notwendige anzugehen.
Als wir am Abend wieder in die Praxis kamen, war sie ganz leer und still. Ich habe diesen ganzen Tag in all seinen Sekunden noch vor mir – vor allem die nächsten Minuten, in denen uns der Arzt eröffnete, dass unser ungeborenes Kind sterben würde. Er und seine Kollegin, die er uns als Herzspezialistin vorstellte, hatten schon auf uns gewartet. »Heute Morgen konnte ich Ihnen noch Hoffnung machen, aber jetzt ... Ihr Kind hat neben dem Aneurysma noch einen schweren Herzfehler, was eine Operation unmöglich macht. Nach all den Untersuchungsergebnissen heute und nach allem, was die Experten nach sorgfältigem Abwägen aller Möglichkeiten sagen, muss ich Ihnen leider mitteilen: Ihr Kind wird sterben.«

Die Phase der Verleugnung ist die Phase des Schocks. Dann sagen die Trauernden sich: »Das ist alles nicht wahr, es ist nur ein Albtraum.«

Die Welt in Schwarz-weiß

Eine schwarze, warme Matte in meinem Kopf löschte alles Denken, ich hatte ein Pfeifen in den Ohren, die Bilder vor meinem Auge erloschen hinter einem roten Vorhang. Nichts kam mehr bei mir an: kein Wort, kein Zuspruch, kein Streicheln. Alles schien sich zu drehen. Ich sah alles wie in einem Film, stand außer mir. Die Welt war mit einem Schlag schwarz-weiß und kalt geworden. Und dann kam ein Schmerz, als würde mir das Herz herausgeschnitten. Wenn ich als Trauerbegleiter heute Menschen Beistand gebe, die auf andere Weise, jeder mit einer anderen Geschichte, aber genau in diesen Schockzustand geworfen sind, weiß ich nur zu gut, wovon ich spreche: Ich habe das alles selbst durchlitten. Heute hilft mir meine eigene Geschichte sehr, mich in Trauernde hineinzuversetzen, die gerade die Nachricht vom Tod eines geliebten Menschen erhalten haben. Diesen Schmerz kann man nicht beschreiben.

Ohne Hoffnung – Verzweiflung

Damals fühlte ich mich von allem und allen auf einen Schlag verlassen, ich hatte nicht mehr die geringste Hoffnung, keinen Lebenswillen mehr, ich hatte das Gefühl, ich wäre selbst gestorben. Wie aus weiter Ferne hörte ich meinen Mann fragen: »Und jetzt? Holen Sie das Kind?« Der Arzt antwortete: »Nein. Es wird kein Kaiserschnitt gemacht.« Das Kind müsse auf natürliche Weise zur Welt kommen, weil ein Kaiserschnitt in dieser Situation höchste Gefahr für die Mutter bedeute.
Ein Kaiserschnitt ist keineswegs eine harmlose Sache und sollte nur gemacht werden, wenn man dem Kind damit helfen kann. »Aber wir können Ihrem Kind nicht mehr helfen. Es wird tot zur Welt kommen. Trotzdem müssen Sie die Geburt durchstehen.« Der Arzt versprach, alles zu tun, um mir das Kommende zu erleichtern; es sei ein Wunder, dass ein Baby mit diesen Schädigungen so lange im Mutterleib überlebt habe. Wahrscheinlich würde es noch vor der Geburt sterben, spätestens aber während der Geburt oder unmittelbar danach. Ab dem Moment, in dem das Baby abgenabelt werde, schaffe es sein Herz nicht mehr länger. So war uns auch die letzte Hoffnung genommen.

Die Verzweiflung ist die Zeit der extremen Emotionen: Vorwürfe, Schuldgefühle, Wut, Hass, Misstrauen, Sichaufbäumen gegen das Schicksal, Kampf und Raserei – warum gerade ich?

»Warum machst du das?«

Während der Arzt den Befund, ein Rezept für Valium und die Überweisung ins Krankenhaus ausschrieb, saßen mein Mann und ich heulend im Wartezimmer. Ich war wütend und zugleich völlig niedergeschlagen. Warum gerade ich? Du fragst, warum, aber es kommt keine Antwort. Das Glück hatte mich im Stich gelassen. Ich fühlte meinen Bauch nicht mehr. Ich wollte ihn nicht mehr anfassen. Der Kontakt zu meinem Baby war wie abgeschnitten. Mein nächster Impuls war: Ich will damit nichts mehr zu tun haben. Weg. Alles schnell hinter mich bringen. Nicht warten. Weg. Weg. Ich wollte die vier Wochen bis zur Entbindung nicht mehr abwarten. Das halte ich nicht aus, dachte ich – und genau in diesem Moment fing er an zu strampeln. Ich wurde richtig wütend, weinte und schrie innerlich mein Baby an: »Warum – warum machst du das? Gerade jetzt?«

Wir konsultierten noch weitere Experten, doch das Ergebnis war jedes Mal gleich niederschmetternd. Es war eine äußerst seltene Ausbildung dieser Krankheit, »so häufig wie ein Sechser im Lotto«, wie der Arzt sagte und gar nicht mitbekam, wie uns dieser Vergleich verletzte. Wieder und wieder überlegten wir, woran es gelegen haben könnte. Suchten nach einem Schuldigen – und fanden keinen. Es gab nichts mehr zu hoffen. Nichts, woran ich mich hätte klammern können. Ich brauchte Tage, um aus diesem Schockzustand herauszukommen.

Die Vereinsamung ist die dunkle, tiefe Zeit der Trauer. Hier herrschen Kraftlosigkeit, Erschöpfung, Resignation. Der Verlust jeden Lebensmutes.

Unfähig zu handeln – Vereinsamung

Ich versank in Lethargie. Unfähig, irgendetwas zu tun. Zu handeln. Zu reagieren. Nicht einmal zu telefonieren. Mein Mann rief im Geburtshaus an, um unseren Hebammen zu berichten, was uns zugestoßen war. Meine Hebamme kam umgehend zu uns nach Hause. Sie war meine erste große Stütze. Sie umarmte mich, hielt mich fest in ihren Armen, ohne etwas zu sagen. Die nächste Stunde saßen wir mit ihr zusammen auf dem Sofa, wir weinten die ganze Zeit. Weinten. Und weinten. Ich fühlte mich ohne jedes Wort in diesem Moment völlig verstanden und aufgehoben. Ich war nicht allein. Ich hatte jemanden, der meine innere Lage voll zu erfassen schien, ohne dass ich mich erklären musste. Da war jemand, der selbst nicht betroffen war und trotzdem Anteil nahm, ohne zu argumentieren, zu beschwichtigen, zu verharmlosen – jemand, der meine Trauer mit mir teilte.

Meine Hebamme war einfach da. Das war alles. Und doch war es so viel. Das tat so gut in meinem Schmerz – und war nach dem Schock das zweite einschneidende Erlebnis und eine wichtige Erkenntnis für meine spätere Arbeit: dass man einem Trauernden nicht viel sagen oder erklären soll, nur ihm nahe sein muss, so nahe, dass er seine Tränen nicht zurückhält und seine Trauer beginnt.

Eine natürliche Geburt?

Die Hebamme sagte, sie hätte sich mit dem Team im Geburtshaus besprochen und würde uns trotz der Diagnose gern bei der Geburt begleiten. Für den Ruf eines Geburtshauses sind Totgeburten immer ein Risiko, weil jedes tote Baby die Sterbestatistik eines Geburtshauses negativ beeinflusst, selbst wenn die Ursache für den Tod meines Kindes nicht bei den Hebammen liegen würde. Sie versprach, den Kontakt zu einer Mutter herzustellen, die drei Jahre zuvor vor derselben Entscheidung gestanden und sich trotzdem für eine Geburt ohne chemische Einleitung entschieden hatte. Ich brauchte einige Zeit, um mich dem Gedanken der natürlichen Geburt meines toten Kindes zu nähern. Wie sollte ich eine Geburt überstehen, die von Beginn an sinnlos schien? Alle Mütter, die ich kannte, hatten immer erzählt: »... und wenn du dann dein Kind in den Armen hältst, weißt du, wofür die Schmerzen waren.« Mir blieb nur die Gewissheit, dass mein Sohn tot auf die Welt kommen oder kurz danach sterben würde. Ich würde mein Glück nicht in den Armen halten.

Ich wusste bis zu dem Zeitpunkt, an dem in meiner Trauer jemand einfach für mich da war, nicht, dass Weinen so erlösend sein kann.

Eine besondere Begegnung

Wir trafen uns trotzdem mit der Frau, deren Baby einen Tag nach der Geburt in ihren Armen starb. An einem sonnigen Herbstnachmittag im Oktober erzählte sie uns ihre Geschichte. Und ich bekam eine Antwort auf mein Wozu. Irgendwann in unserem langen Gespräch sagte sie den Satz, der für mich alles änderte. Sie sagte: »Für mich war immer ganz klar: Mein Baby ist nicht schuld an seiner und meiner Situation.« Und dass sie nur ein Ziel gehabt hätte, das auch mir Trost spenden könnte: ihrem Kind und auch sich selbst die kurze Zeit des Zusammenseins so schön wie möglich zu

machen und wenigstens für kurze Zeit Mutter sein zu dürfen. Sie wollte ihrem Kind in den kurzen Stunden nach der Geburt all die Liebe geben, von der sie gehofft hatte, dafür ein Leben lang Zeit zu haben. Sie wollte ihrem Baby ein letztes Fest bereiten.
Ich fragte sie, wie sie die Stunden bis zum Tod ihres Kindes überstanden hätte. Sie antwortete: »Ich habe alles so gemacht, als wäre es normal gewesen. Ich habe mein Kind gewaschen und gewindelt, ihm die Brust gegeben. So, als wäre es die natürlichste Sache der Welt.« Sie wollte dem Baby Zeit und Liebe geben, damit es sich in Ruhe wieder von dieser Welt verabschieden konnte. Sie erzählte das mit einer solchen Wärme und Tiefe, dass es mich heute noch stark beeindruckt. Sie hatte Fotos mitgebracht. Ihre ganze Familie war darauf zu sehen. Glückliche Menschen schien man da zu sehen rund um die Mutter, die im Bett stolz ihr Baby auf dem Arm hielt. Was ihr geblieben ist, sind die Erinnerungen an einen glücklichen Tag. Und dieses Foto.

Die Frau, die ein ähnliches Schicksal erlitten hatte wie ich, wollte ihrem Kind einen Geburtstag bereiten, der zugleich sein Todestag werden sollte. Sie wollte es begrüßen und auch genauso liebevoll wieder verabschieden.

Wichtigste Entscheidung – Vergebung

Mit dieser Frau durften wir einen Menschen erleben, der es geschafft hatte, dem Tod etwas Versöhnliches zu geben. Sie hatte ihr Kind in Frieden gehen lassen können. Und ihre Trauer hatte nichts Schweres, Lähmendes, Schwarzes. Ihre Trauer war bunt und hell. Mir wurde immer klarer: Wann mein Sohn stirbt, entscheide nicht ich für ihn mit den Mitteln der modernen Medizin – das darf und kann nur er selbst entscheiden. Er kommt auf diese Welt, wann er kommen will – und er geht, wenn er wieder gehen will. So beschlossen mein Mann und ich, dass wir unserem Baby das letzte Fest bereiten würden, um es diesem kleinen, unschuldigen Menschen leicht zu machen, sich würdevoll von dieser Welt zu lösen. Meine Liebe war wieder da. Und diese Liebe versöhnte mich mit meinem Schicksal.

Etwas ganz Natürliches

Nach dem Leugnen, dem Verneinen des Unabänderlichen, meiner Wut und der Lethargie sah ich jetzt auf einmal einen Weg für uns.

Mir war auch zunehmend klar geworden, dass ich später wieder Kinder haben wollte – und genau darum durfte diese Geburt für mich kein Trauma werden. Ich sah Schwangerschaft und Geburt und den Tod plötzlich wieder als etwas ganz Natürliches an, als einen Bereich, in den die moderne Medizin nicht willkürlich eingreifen darf. Ich spürte nun mit jeder Faser meines Körpers, dass es völlig falsch wäre, mein Kind möglichst rasch zu »entsorgen« und zur Tagesordnung überzugehen.

Die Vergebung ist die Phase der Loslösung: Die Erschöpfung hält an, aber die Kräfte kommen zurück.

Zum Entsetzen meiner Familie erklärte ich, dass ich meinen Sohn auf ganz natürlichem Weg auf die Welt bringen und den Dingen ihren Lauf lassen wollte. Mein Kind sollte selbst entscheiden, wann es seine Zeit zu sterben sei. Ich hatte gelernt, dass Leugnen, Unterdrücken und Verdrängen eines Unglücks nicht hilft – ich konnte nur Heilung und Trost finden, wenn ich es aktiv angehen und anerkennen konnte. Mit dem Anerkennen beginnt ein Prozess der Veränderung, der dich mit aller Kraft in Beschlag nimmt.

Ich fing wieder an, zu meinem Sohn in meinem Bauch Kontakt aufzunehmen. Mit einem Kind zu sprechen, das todgeweiht ist, stellt große Herausforderungen an eine Mutter. Die Wochen bis zur Geburt gehörten mit zu den intensivsten Abschnitten meines Lebens, weil ich mich zum ersten Mal in einer nicht geahnten Tiefe mit meinem Leben und dem Tod auseinandersetzte.

Wir planen die Beerdigung unseres Babys

Können Sie sich vorstellen, wie es ist, in einem Bestattungsinstitut zu sitzen, schwanger, mit einem lebenden Kind im Bauch, und zu besprechen, was geschehen wird, wenn das Kind, das noch nicht einmal geboren ist, stirbt? Eine unwirkliche Situation. Ich hörte mich selbst sprechen – glaubte aber nicht, dass wirklich geschah, was ich tat.

Wir hatten damals keine Vorstellung, wie man ein Baby beerdigt. Woher auch? Auf keinen Fall wollten wir eine Standardbeerdigung, einen Standardsarg aus dem Katalog, einen Standardtrauerspruch, Standardblumengebinde. Wir wollten keinen Trost aus dem Kaufhaus. Und da empfahlen uns die Hebammen einen jungen Beerdigungsunternehmer, der versuchte, neue Methoden der Trauerbegleitung zu integrieren. Es war Florian Rauch.

Es ist ein uraltes Wissen: Trauern muss seine Zeit haben, damit wir weiterleben können, damit wir dem Tod einen Sinn abgewinnen können.

Eine ganz andere Art der Trauerkultur

So kam ich das erste Mal in Kontakt mit einer Trauerkultur, der ich heute aufs Engste verbunden bin. Am Anfang schien mir das alles sehr fremd. So fragte uns die Bestatterin beispielsweise, ob wir den Sarg unseres Sohnes bemalen, unser totes Kind noch nach Hause holen, es selbst waschen und anziehen wollten. Ein Kind verlieren – und dann auch noch den Sarg bemalen? Ich lachte innerlich auf, so absurd erschien mir das. Ich konnte noch nicht verstehen, warum sie uns unbedingt Zeit geben wollte, uns von unserem toten Kind zu verabschieden.

Das verstehen viele Menschen nicht – und wissen gar nicht, was sie sich damit antun, wie grundfalsch das Verdrängen von Trauer und das Fehlen eines wirklichen Abschieds sind. Wir können nicht auf Knopfdruck vergessen. Wenn wir versäumt haben, uns von unseren Toten würdevoll und in Ruhe zu verabschieden, sie zu betrauern – lässt sich das später kaum mehr nachholen.

Dennoch ein großes Geschenk

So weit war ich damals noch nicht, doch ich hatte einen Wendepunkt erreicht, von dem aus mir eine Umkehr gänzlich ausgeschlossen schien. Die verbleibenden Wochen bis zur Geburt vergingen wahnsinnig schnell. Aber sie waren sehr intensiv. Das goldene Oktoberwetter mit viel Sonne und tiefblauem Himmel hatte die ganze Zeit über angehalten; es passte so gar nicht zu meiner inneren Verfassung, denn das feierliche Licht machte alles nur noch unwirklicher. Da mein Mann von der Arbeit freigestellt war, blieben wir den ganzen Tag zusammen. Wir nahmen uns die Zeit füreinander, um gemeinsam diese Krise durchzustehen. Ich kann heute noch sagen: Dieses intensive Erleben, alles zu verarbeiten, mich vorzubereiten, die Nähe von Menschen zu erfahren, war das zweite große Geschenk. So absurd es klingen mag: Es war eine gute Zeit. Ich erinnere mich gern daran.

So oft es ging, waren mein Mann und ich draußen in der freien Natur, in den Bergen, in den Parks, an den Seen. Ich war meinem Mann nie wieder so nahe wie damals.

Die Wehen setzen ein

Der errechnete Entbindungstermin war der 30. Oktober, geboren wurde unser Sohn am 3. November. Ich hatte schon Angst gehabt, nun doch in die Klinik zu müssen, damit man ihn holte, wenn er nicht von selbst kam. Die Hebammen aber waren überzeugt, dass es auch auf natürlichem Weg ginge.

In der Nacht zum 3. November kamen die Wehen. Es ging den ganzen Vormittag über so weiter. Ich war irgendwie erleichtert und dachte schon mittags in meinen Schmerzen: »Jetzt ist es so weit, endlich, jetzt kommt er.« Aber er kam nicht. Ich dachte gar nicht mehr daran, dass mein Kind womöglich tot auf die Welt kommen würde. Ich hatte alles ausgeblendet. Ich spürte nur meine Wehen, einen bis dahin nie gekannten Schmerz, der all meine Gedanken in Beschlag nahm. So ging es den ganzen Nachmittag. Mit der Dämmerung kamen Hammerwehen. Ich konnte vor Schmerz nicht mehr sprechen, und so fuhr man mich ins Geburtshaus, das nur ein paar Minuten entfernt lag. Selbst in der Pressphase wollte und wollte er nicht kommen. Die Hebammen sagten mir später, sie hätten gemerkt, ich würde nicht loslassen. Und ich glaube, genauso war es: Obwohl ich die Geburt wollte, klammerte ich. Und zog mich zusammen. Instinktiv wusste ich ja, dass mit der Geburt sein Leben zu Ende gehen würde.

Eine glückliche Mama

Abends um neun war er dann da. Eigentlich eine ganz normale Geburt. Er lebte. Ich war völlig weg vor Glück, hielt ihn fest in meinen Armen. Wie die Frau damals auf dem Foto. Alle Schmerzen waren vergessen. Er wog 3300 Gramm und war mit 52 Zentimetern alles andere als klein. Mein Baby schrie, war hellwach und schaute mich an. Die Hebamme deckte ihn mit einem Handtuch zu. Ich sagte zu meinem Mann: »Der sieht ja aus wie du!«

Dass mein Sohn die Anstrengungen der Geburt überhaupt überlebt hatte, grenzte an ein Wunder. Aber wir dachten nicht mehr daran. Wir waren aufgewühlt. Glücklich. Als die Hebamme meinen Mann aufforderte, die Nabelschnur zu durchtrennen, fing er still an zu weinen. Er würde das nicht übers Herz bringen, schließlich wisse er doch, dass sein Sohn in diesem Moment sterben würde. Schließlich tat er es dann doch.

Die Hebammen legten mir mein Baby an die Brust, und im selben Moment begann er, gierig zu trinken und Leben in sich einzusaugen. Meinem Sohn schien nichts zu fehlen. Ich war ganz in mir. Bei ihm. Erschöpft und glücklich. Ein süßes kleines Baby hatte ich zur Welt gebracht. Meine Gefühle und Hormone waren ganz auf Mutter eingestellt. Ich war stolz auf mich und meinen Sohn und dachte, was haben wir beide für einen Kampf geschafft! Und dieses Gefühl versöhnt mich bis heute. Es war schön. Es war alles so normal. Die Hebammen und Ärzte waren verwirrt, dass unser Sohn so gesund schien, doch für mich war der Prozess des Hoffens, der Verzweiflung und der Trauer in den Wochen seit der Diagnose abgeschlossen. Ich wusste, dass die Dinge ihren Lauf nehmen würden. Umso mehr war ich entschlossen, mein Baby in den wenigen Stunden, die uns blieben, zu schützen, es zu lieben und ihm seinen Weg so leicht und schön wie möglich zu gestalten. Wir gaben ihm seinen Namen: Leon-Paul.

Mein Kind kam nicht tot zur Welt und lebte nach der Geburt weiter – doch ich hatte das Hoffen bereits hinter mir.

Begrüßung des freudigen Ereignisses

Unserem Sohn ging es so gut, dass wir nach Hause entlassen wurden. Also packten wir zusammen, riefen die ganze Familie an und sagten, dass unser Kind lebe, dass es ihm den Umständen entsprechend gut gehe. Wer wolle, solle unbedingt kommen und ihn anschauen. Und tatsächlich kamen mitten in der Nacht alle zu uns nach Hause. Es war eine sehr feierliche Stimmung. Jeder nahm Leon-Paul auf den Arm, herzte und begrüßte ihn. Alle waren gerührt. Und niemand konnte fassen, dass so ein Glück zerbrechlich ist. Deshalb sagten wir: »Er ist nicht gesund. Er wird sterben. Es gibt kein Morgen für ihn.«

Gegen 3 Uhr morgens ging ich erschöpft ins Bett. Und da lag ich mit meinem Baby auf dem Bauch. Lauschte seinem Atmen. Lauschte in mich hinein. Nur nicht seinen Schlaf stören! Ich hörte meinen ruhigen Herzschlag. Ich war eins mit ihm und mit mir.

Wenige Stunden später lag Leon-Paul immer noch auf meinem Bauch. Er schien ganz tief und völlig zufrieden zu schlafen – und gab Geräusche von sich, als wolle er uns ein Zeichen geben: Ich bin noch da.

Nach drei Tagen war die Zeit gekommen, Abschied zu nehmen. Allmählich löste sich Leon-Paul aus dieser Welt.

Mein Kind war nicht tot. Wir waren auf diese Situation nicht vorbereitet, wir hatten keine Windeln, keine Strampler, nicht mal einen Schnuller. Nein, das war nicht vorgesehen gewesen. Aber jetzt war es so. Meine Mutter besorgte alles, damit wir das Kind anziehen und wickeln konnten. Die nächsten beiden Tage nahm er die Brust. Alles wie normal. Wir sahen uns an und freuten uns. Aber ich hatte das Hoffen bereits hinter mir.

Ein Schutzengel macht Mut

Am dritten Tag spürte ich, wie eine Veränderung in ihm vorging. Er drehte den Kopf weg, wenn ich ihm die Brust geben wollte. Er wollte meine Milch nicht mehr. Ich rief die Hebamme an und fragte, was zu tun sei. Ich solle es mit Fencheltee probieren; wenn er jetzt anfinge, keine Nahrung mehr zu sich zu nehmen, wäre es schon ein Zeichen.

Leon-Paul war die ganze Zeit immer dicht bei mir. Ich saß mit ihm auf dem Sofa, wiegte ihn sanft, und die Novembersonne schien auf ihn. Er wirkte ganz ruhig. Am Abend schon wollte er auch den Tee nicht mehr. Ich war sicher, er hatte sich entschlossen, wieder von uns zu gehen. Dann ging alles relativ schnell. Es war vorbei mit der trügerischen Ruhe in den ersten Stunden nach der Geburt. Leon-Paul lag gekrümmt auf meinem Bauch, schrie und war nicht zu beruhigen. Wir hatten Angst, dass er Schmerzen hatte. Wir brauchten Unterstützung. Meine Schwiegermutter kannte eine Hospizhelferin. Ich wusste bis dahin gar nicht, dass es so etwas gibt, und auch nicht, wie sie uns helfen sollte. Ich telefonierte mit ihr, schilderte die Situation, und sie fragte, ob es okay für uns wäre, wenn sie kurz vorbeikommen würde, um sich ein Bild zu machen, wie es uns und dem Kind ging. Sie würde mit einer Ärztin zusammenarbeiten und auch die entsprechenden Medikamente mitbringen.

Sie kam abends um neun, genau drei Tage nach Leon-Pauls Geburt. Sie setzte sich einfach hin und fragte lächelnd, ob sie denn Leon-Paul mal in den Arm nehmen dürfe. Ich hatte sofort Vertrauen gefasst und sah, wie gut sie mit meinem Kind umging, wie genau sie ihn anschaute. Er wirkte da schon dünner und irgendwie zerbrechlich. Sie ließ uns ein paar Schmerzzäpfchen da, die würden entkrampfen, und er hätte keine Schmerzen mehr. Sie war zwei Stunden bei uns und sagte zum Abschied, sie hätte ein so gutes Gefühl, dass sie uns mit unserem Baby allein lassen könne.

Beim Hinausgehen, schon halb aus der Tür, sagte sie noch: »Ich weiß jetzt, ihr schafft das!« Einfach wunderbar. In diesem Moment war das genau das, was ich brauchte: dass jemand zu mir sagt: Ihr schafft das. Diese Frau hatte mir Ruhe und Geborgenheit, Güte und Verständnis, Kraft und Selbstvertrauen geschenkt. Ich fühlte mich aufgehoben.

Manchmal ist es ganz einfach, Trauernden das Gefühl zu schenken, aufgehoben zu sein. Manchmal reichen Worte wie: Ich weiß, ihr schafft das.

In Geborgenheit Frieden finden

In unserer Wohnung machte sich eine spürbare Ruhe breit. Man fühlt es, wenn der Tod kommt. Wir gaben Leon-Paul ein Zäpfchen, wenn er schrie. Dann wurde er wieder ruhig. Trinken wollte er schon nicht mehr. Wir kamen damit klar, anders sah es mit der Familie aus. Sie fühlten sich hilflos und wollten, dass wir etwas unternahmen. Aber was? Im Krankenhaus würde man ihn an Apparate und Schläuche anschließen, das volle Programm der Intensivmedizin, das wäre die Pflicht der Ärzte. Vielleicht würde sich Leon-Pauls Leben damit um einige Stunden verlängern lassen – damit aber auch sein Leidensweg. Wir wollten ihn bei uns zu Hause in Frieden sterben lassen, das war alles, was wir noch für ihn tun konnten – und zugleich das Schönste, was wir für ihn tun konnten.

Der Abschied beginnt – mein Kind geht

In der Nacht spürte ich, wie bei Leon-Paul der Atem flacher wurde und immer häufiger aussetzte. Ich weckte meinen Mann: »Es ist so weit.« Und dann dauerte es nur noch ein paar Minuten. Nach einer langen Atempause, als ich schon dachte, er habe es geschafft, sog er plötzlich in einem heftigen Aufbäumen noch einmal den Atem ein und riss die Äuglein auf. Er schaute uns beide an – und tat einen großen Seufzer. Leon-Paul war in meinen Armen gestorben. Er hatte mit diesem letzten Seufzer seine Lebenskraft ausgehaucht. Ich nahm ihn mit aller Zärtlichkeit in den Arm. Mehr kann ich nicht darüber sagen.

Mein Kind war schließlich in meinen Armen gestorben, und ich war dankbar für die Zeit, in der ich meinem Sohn Liebe schenken durfte.

Ich hatte an den vier Tagen seit Leon-Pauls Geburt immer nur kurz und sehr flach geschlafen, das Kind immer auf der Brust. Keine Minute hatte ich ihn aus der Hand gegeben. Es war die Anspannung, das »Du darfst nicht schlafen, du musst bei ihm bleiben und ihm beistehen«. Jetzt, wo ich sicher war, dass er es geschafft hatte, legte ich mein totes Kind an meine Seite, nahm es in den Arm und schlief augenblicklich tief und fest ein. Erst Stunden später kam ich wieder zu mir. Ohne jede Erholung und tief bewegt. Wir riefen die Hebamme und den Gynäkologen an, der bei der Geburt dabei gewesen war. Ich konnte nur noch sagen: »Er ist jetzt gestorben.« Der Arzt bot an, den Totenschein auszustellen.

Zeit, Abschied zu nehmen

Nachdem der Arzt unser Baby genau untersucht und den Totenschein ausgestellt hatte, sagte er: »Falls ihr schon so weit seid, könntet ihr jetzt den Bestatter anrufen.« Wir riefen bei Florian

Rauch im Bestattungsinstitut an, das wir Wochen zuvor etwas skeptisch verlassen hatten. Die Mitarbeiterin, mit der wir damals das Gespräch geführt hatten, war am Telefon: »Nehmen Sie sich bitte die Zeit, die Sie brauchen. Wir müssen Ihr Kind wirklich nicht gleich abholen.« Ich war so erleichtert. Hatte ich damals nach der Diagnose im Krankenhaus noch laut gesagt, dass ich mein totes Kind so schnell wie möglich aus den Augen haben wollte, so war mir und meinem Mann plötzlich vollkommen klar, dass wir tatsächlich Zeit brauchten, uns zu verabschieden.
Wir trugen Leon-Paul ins Badezimmer, und ich begann, ihn zu waschen, zu wickeln, einzuölen und anzuziehen. Wir sprachen immer noch laut mit ihm und gingen so behutsam mit ihm um, als wenn er noch am Leben gewesen wäre. Und irgendwie war er das auch noch für mich. Rational war mir klar, was geschehen war. Als Mutter, als Frau brauchte ich aber noch Zeit, um es wirklich zu begreifen. Und das ist wörtlich gemeint. Das Windeln und Umsorgen, mit den eigenen Händen seinen leblosen Körper zu spüren, ihn noch einmal zu streicheln, mit aller Liebe zu pflegen und vorzubereiten auf seine lange, große Reise mit unbekanntem Ziel – das war ein sehr wichtiger Schritt.

Jeder Trauernde sollte sich die Zeit nehmen dürfen, die er für den Abschied von einem geliebten Menschen braucht.

Die erhabene Stille des Todes

Wir betteten ihn dann auf den Wickeltisch, schoben ein Kopfkissen unter seinen Kopf, stellten Kerzen und Blumen auf. In den vergangenen Tagen hatten wir von Freunden und Verwandten wirklich schöne Blumensträuße zu seiner Geburt bekommen. Die nahmen wir jetzt her. Einen besseren Zweck gab es nicht. Zusammen mit dem warmen Licht der Kerzen ergab das Ganze ein prachtvolles, friedliches Bild. Wir sahen ihn noch lange so an. Wir hatten Zeit zu begreifen.
Es war eine ganz intime, vertraute, ja feierliche Atmosphäre mit einem höchsten Maß an Konzentration, wie ich es danach nur selten wieder erlebt habe. Meinen Mann und mich verband eine besondere Energie – einig, entschlossen, bewegt durch diesen Tod, der uns doch eigentlich vier Tage nach der Geburt schon wieder genommen hatte, was wir gerade erst zu entdecken begonnen hat-

ten. Im Haus breitete sich Stille aus, keiner von uns sprach, es lief kein Radio. Es lief kein Fernseher. Kein Telefon. Nur Stille. Es gab kein Gestern, kein Heute und kein Morgen mehr. Es gab nur den Moment, diesen Moment.

So nah waren wir bei unserem Kind gewesen, das um sein Leben gekämpft hatte. So groß und erhaben erschien uns, was wir da miterlebt hatten – wie schwer das Leben kommt und wie schnell es uns wieder verlassen kann. Nie wieder habe ich Stille so deutlich gespürt. Nie wieder war ich so im Jetzt wie in diesen Stunden. Diese Stille würde ich heute als Präsenz des Todes beschreiben, als etwas ganz Großes und Mächtiges, das den ganzen Raum ausfüllte und unsere ganze Aufmerksamkeit auf sich zog. Ich hatte Angst, dass diese Stimmung verletzt werden könnte, so wertvoll erschien sie mir. Und doch wusste ich, dieser Moment würde sich nicht ewig dehnen lassen. Wir würden endgültig und für immer Abschied nehmen müssen.

Man spürt, wenn der Tod kommt, und man spürt die Gegenwart des Todes. Ich habe sie als große, erhabene Stille erlebt.

Den Verlust annehmen

Nach einigen Stunden riefen wir dann alle an, die uns in den Sinn kamen, und sagten, dass Leon-Paul gestorben sei. Jeder dieser Anrufe half seltsamerweise. Bei jedem Anruf mussten wir sagen, was geschehen war. Die Wiederholung des Unfassbaren schuf die Realität, in der wir den Verlust annehmen konnten. Die Mutter meines Mannes war die Erste, die spontan fragte, ob sie gleich kommen dürfe – sie würde sich gern verabschieden. Und sie war die Einzige, die kam und sich ihn anschaute. Der Rest der Familie fragte nicht. Und wir fragten auch niemanden, ob er ihn noch einmal sehen wollte.

Die Bestatterin rief an und stellte uns wieder diese Frage, die mir beim ersten Mal so absurd vorgekommen war: »Können Sie sich vorstellen, den Sarg Ihres Kindes zu bemalen?« Und dieses Mal sagten wir wie aus einem Mund: »Ja, das wollen wir.« Die Situation hatte sich gegenüber unserem Beratungsgespräch komplett geändert. Wir verstanden plötzlich, welche Kraft diese Geste haben würde, unserem Sohn etwas Persönliches mitzugeben, das unserer Trauer einen sichtbaren Ausdruck geben würde.

Der kleine Kindersarg

Wir hatten mit dem Bestattungsinstitut vereinbart, dass Leon-Paul um 20 Uhr abgeholt werden würde. Plötzlich ergriff mich Panik: Was, wenn gar nicht die Frau käme, mit der wir telefoniert hatten? Wenn Fremde in schwarzen Anzügen mit einem schwarzen Auto vorfuhren – Fremde, die unsere Geschichte gar nicht kannten? Nicht wussten, was wir erlebt hatten? Von denen ließ ich mir meinen Sohn gewiss nicht wegnehmen!

Als es klingelte, stand die nette Frau vom Bestattungsinstitut vor uns, zusammen mit einer anderen Frau. Nicht in schwarzer Uniform, in normaler Kleidung. Und sie hatte eine Babytrage in der Hand – keinen Sarg. Von einer Sekunde auf die andere war ich beruhigt. Im zweiten Moment sah ich aber doch den kleinen weißen Kindersarg – und war erschrocken. Da war sie wieder, die Angst, die Unruhe.

»Wo möchten Sie denn den Sarg hinhaben?« riss mich ihre Frage aus meinen Gedanken. Wir wollten den Sarg inzwischen ja bemalen – aber sie hatte nicht gesagt, dass sie ihn gleich mitbringen würde. Wir stellten ihn schließlich in das geplante und jetzt nutzlose Kinderzimmer, um ihn später dort zu bemalen.

Ein Sarg ist etwas sehr Endgültiges, auf das man vorbereitet sein sollte. Ich bespreche mich mit den Betroffenen vorab sehr genau, was sie erwartet – vor allem wenn es um die Eltern eines toten Kindes geht.

Loslassen können

Ich führte die Bestatterinnen ins Bad. Sie waren sehr berührt, als sie meinen toten Sohn so liebevoll aufgebahrt sahen. Das versöhnte mich sofort wieder. Sie wollten ihn in der Babytrage mitnehmen und fragten mich, ob wir unser Kind nicht selbst einbetten wollten

– in dem Bewusstsein, dass es das letzte Mal sein würde. Wir legten die Blumen, die Kerze und all unsere Liebe und guten Wünsche mit hinein, als würden wir den Koffer unseres Kindes für eine lange Reise packen, die es ohne seine Eltern unternehmen würde.
Dann verschwand mein Sohn wohlversorgt in der Babytrage. Obwohl ich vor diesem Augenblick große Angst hatte, spürte ich, dass ich den toten Körper loslassen und gehen lassen konnte. Ein weiterer, sehr wichtiger Schritt in meinem Trauerprozess, der mir bis heute die Gewissheit gibt, die richtigen Entscheidungen getroffen zu haben, die mir heute noch Kraft und Stärke geben.

Die Versöhnung ist die Phase der Loslösung: Die Erschöpfung hält an, aber die Kräfte kommen zurück. Das Unabänderliche wird akzeptiert.

Das Särglein bemalen – Versöhnung

Wir riefen die Familie an, um unseren Entschluss, das Särglein zu bemalen, mitzuteilen. Darauf meinten meine acht und zehn Jahre alten Neffen und Nichten, dass sie unbedingt mitmachen wollten. Die Eltern hatten diesen Entschluss wohlwollend unterstützt; ihre Kinder hatten Leon-Paul am Morgen noch gesehen, und ich wusste, dass sie gut mit der Situation umgehen würden.
Wir saßen auf dem Fußboden in dem für Leon-Paul geplanten Kinderzimmer und malten unsere Grüße und Bilder – Sonne und Mond waren dabei – auf den Deckel. Es war wirklich sehr schön und sehr bewegend. Heute weiß ich, dass es auch für Kinder wichtig ist, mit dem Tod konfrontiert zu werden – immer unter der Einschränkung, dass man sie zu nichts drängt, bei ihnen ist und immer Zeit hat, all ihre Fragen zu beantworten oder eben auch nicht, wenn man keine Antwort weiß.
Es war ein sehr schöner Morgen. Nur mein Vater konnte mit dieser Situation überhaupt nichts anfangen. Als ich ihn anrief und erzählte, was wir gerade taten, hörte ich ihn rufen: »Um Gottes willen, jetzt bemalen sie auch noch den Sarg!« Ich weiß, er meinte es in jedem Augenblick gut mit mir und dachte wohl, ich würde damit alles nur noch schlimmer machen. Wäre unser totes Kind schnell weg, so seine große Hoffnung, könnte seine arme Tochter schneller wieder das normale Leben aufnehmen. Aus den Augen, aus dem Sinn. So war seine Haltung.

Der Opa will seinen Enkel sehen

Es war am Tag der Beerdigung, als mein Vater auf mich zukam und mich bat, seinen Enkel doch noch ein letztes Mal sehen zu dürfen. Da war Leon-Paul schon eine Woche tot, und ich sagte: »Papa, das geht doch jetzt nicht mehr.« Er weinte: »Bitte, bitte. Ich will ihn noch einmal sehen!« Ich hatte Angst, dass sich Leon-Paul in den Tagen seit seinem Tod verändert hatte, also ging ich zu der Bestatterin und sagte zweifelnd: »Mein Vater will jetzt plötzlich noch mal seinen Enkel sehen ...«

Ich hatte ein klares Nein erwartet. Aber es kam ein überraschend klares Ja – wenn ich es erlauben würde. Ich wollte das eigentlich nicht, ich hatte mich in der Wohnung verabschiedet, was schwer genug gewesen war, und wollte dieses schöne, harmonische Bild vom Einbetten meines Babys in seiner geschmückten Babytrage in Erinnerung bewahren. Die Bestatterin merkte, wovor ich Angst hatte, und sagte: »Machen Sie sich keine Sorgen, er sieht immer noch so schön und friedlich aus wie an dem Tag, als Sie ihn verabschiedet haben.« Sie ging mit uns in den Raum und öffnete den Sarg – und er sah wirklich immer noch genauso aus, wie wir ihn an seinem Todestag eingebettet hatten. Selbst die Blumen hatten kaum von ihrer Farbe verloren.

Beim Abschied von einem geliebten Menschen begreifen wir, wie wertvoll und kostbar das Leben ist.

Ich ging gelöst nach draußen und sagte allen, wer wolle, dürfe ihn noch einmal sehen. Jetzt ging unsere ganze Familie geschlossen zum Sarg. Sie sahen ein Kind, friedlich, eingekuschelt in seine Decke, seinen Teddy im Arm in einem Meer aus Blumen. Alle verabschiedeten sich noch einmal von Leon-Paul. Wir lagen uns in den Armen, wir weinten – begleitet von einem tiefen Gefühl des Friedens und der Zusammengehörigkeit. Und heute noch sagen alle, mit denen ich über diesen Tag rede, es sei das Schönste gewesen, was wir hatten machen können: den gemeinsamen Abschied zusammen mit der ganzen Familie.

Die Angst vor dem eigenen Tod nehmen

Dieser letzte Dienst, das Ausrichten des letzten Festes nimmt uns auch den Schrecken vor unserem eigenen Tod. Zugleich schenkt uns dieser Augenblick Kraft und Zuversicht, das Leben als einmalig und kostbar zu erfahren und es, falls notwendig, neu auszurichten und mit einem tieferen Sinn zu erfüllen. Ich hatte das große Glück, die richtigen Menschen in meiner Nähe zu haben, die es mir leicht gemacht haben, diesen Prozess zu durchleben. Ich hatte das Glück, alles, was geschah, als völlig natürlich und im Einklang mit mir selbst zu erleben. Es hat mir sehr geholfen, den Schmerz des Verlustes, meine Zweifel und meine Trauer anzunehmen. Dafür bin ich unendlich dankbar.

Dank der beiden Frauen, meiner Hebamme und der Trauerbegleiterin habe ich all seine Sachen aufbewahrt, die er in den vier Tagen anhatte, die ich mit ihm zusammen erleben durfte. Sie befinden sich in einer Kiste mit seinem Geburtskettchen, seinem Schnulli, dem Fläschchen und seinem Strampler. Ich habe die Anziehsachen von meinem Sohn, ein Foto und auch die eine Hälfte des flauschigen Frotteehandtuchs aufbewahrt, mit dem ich ihn nach dem Waschen immer trockengerubbelt habe. Mit der anderen Hälfte habe ich ihn im Sarg zugedeckt. Ich merke immer wieder, wie beruhigend es ist, dass die Erinnerungskiste noch da ist und ich sie jederzeit herausholen kann, wenn mir danach ist. Es ist gut zu wissen, dass sie da ist. Es ist schließlich das Einzige, was ich noch von ihm habe – und immer haben werde.

»Wenn du andere glücklich sehen willst, übe dich in Mitgefühl. Wenn du selbst glücklich sein willst, übe dich in Mitgefühl.« Dalai Lama

Meine Geschichte, mein Abschied

An meiner Geschichte kann man beispielhaft die unterschiedlichen Zeiten der Trauer erkennen. Ich durchlebte sie alle in der kurzen Zeit von der Diagnose bis zur Beerdigung. Doch damit war mein Trauerprozess noch nicht abgeschlossen. Im Gegenteil: Ich durchlief sämtliche Phasen immer wieder, in unterschiedlicher Intensität. Auch heute noch gibt es für mich Zeiten der Trauer, aber sie sind Teil meines Lebens und machen mir keine Angst mehr.

Die Geschehnisse um den Tod meines Kindes waren der Auslöser für große Veränderungen in meinem Leben. Wochen nach seinem Tod ging ich in einen Rückbildungskurs für Frauen, die ihr Kind verloren hatten. In vielen Gesprächen lernte ich Mütter kennen, die mich darum beneideten, wie ich mich von meinem Kind hatte ver-

Wenn Ihr Kind stirbt

- Wenn Sie nicht durch den plötzlichen Tod Ihres Kindes überrascht werden, wenn es beispielsweise krank ist, bereiten Sie sich vor. Informieren Sie sich. Bauen Sie das Netz rechtzeitig auf, das Sie hält und unterstützen kann.
- Suchen Sie sich Menschen, denen Sie vertrauen und die Ihnen selbstlos zur Seite stehen.
- Dazu gehören immer eine Hebamme, eine Hospizfrau und ein Arzt. Suchen Sie sich Menschen, die aus ihrer eigenen Erfahrung und aus Fachkenntnis guten, sachkundigen Rat geben können.
- Nehmen Sie sich die Zeit, die Sie für einen Abschied brauchen.
- Lassen Sie sich diese Verantwortung von niemandem nehmen. Lassen Sie sich nicht entmündigen, bleiben Sie im Tun und Gestalten und geben Sie Ihrer Trauer den Ausdruck, den Sie selbst für angemessen halten. Bereiten Sie das letzte Fest vor.

Denken Sie immer daran: Sie übernehmen selbst die Verantwortung. Sie lassen nichts mit sich geschehen. Sie lassen sich nicht beeinflussen. Sie lassen sich nicht bevormunden. Sie lassen sich nichts vorschreiben. Sie lassen sich nichts wegnehmen.
Sie sagen, wann es so weit ist – Sie geben die Erlaubnis.

abschieden dürfen und welche Unterstützung ich dabei erfahren hatte. Sie selbst hatten das Gefühl, etwas sei mit Gewalt aus ihnen herausgerissen worden, und die dadurch entstandene Leere war immer noch da.
Dieser versäumte Abschied war für viele Mütter der zweite Tod gewesen; noch heute belastete sie das schlechte Gewissen über den nicht vollzogenen Abschied von ihrem Kind stark. An diesem Tag beschloss ich, meine Erlebnisse, meine Erfahrungen und später auch mein Wissen und das der Menschen, die das alles mit mir teilen, an möglichst viele Trauernden weiterzugeben. Ich begann die Ausbildung zur Geburtsvorbereiterin für Frauen, die eine Totgeburt erlitten hatten, und gab Rückbildungskurse. »Warum hat mir das keiner gesagt?« wollte ich nie wieder hören.

Begleiten

Warum Trauerbegleitung so wichtig ist

Wer etwas über sich und sein Leben erfahren will, sollte seine eigenen Trauersituationen bewusst erleben, um somit auch für andere ein guter Begleiter zu sein. Der Prozess des Trauerns trennt uns nicht in »Opfer« und »Zuschauer«. Trauernde und ihre Begleitung beleuchten das Thema Leben und Sterben nur scheinbar von zwei unterschiedlichen Seiten. Weil wir am Ende alle sterben werden, sind wir bei jedem Tod, den wir miterleben, automatisch selbst Betroffene, denn auch das eigene Leben steht deutlich spürbar infrage. Stellen wir uns also dem Abschied und seinem Schmerz. Abschiede finden täglich statt. Kleine Tode finden täglich statt. Denn weh tut es auch, wenn eine Liebe zerbricht, die Katze fortläuft, wenn unsere Ehe scheitert, wenn wir unseren Arbeitsplatz verlieren oder wenn wir einen geliebten Menschen verabschieden: durch Umzug oder eine lange Reise. Wenn wir erkennen, dass unser Leben eine einzige Abfolge von größeren und kleineren schmerzhaften und weniger schmerzhaften Abschieden ist, die naturgegeben sind und die es zu überwinden gilt, wäre viel gewonnen.

Wenn wir andere in ihrem Trauerprozess begleiten, unterstützen wir nicht nur, sondern setzen uns auch selbst mit dem Tod auseinander.

Das Leben ist einmalig

Jedem Menschen tut es gut, ein wenig mehr Leichtigkeit zu gewinnen, indem er den Blick auf das Wesentliche und Einmalige seines Lebens richtet. Deshalb sei noch einmal gesagt: In diesem Buch geht es nicht nur um Tod und Trauer – nein, es geht um Ihr Leben. Je eher wir uns der eigenen Vergänglichkeit stellen, desto sinnerfüllter werden wir jede Herausforderung bewältigen. Vor allem werden wir stets wach bleiben, was die Tiefe und den Sinn des eigenen Lebens anbelangt. Denn besonders im Sterben wird uns bewusst, wie begrenzt und kurz und aufregend der Flug durch unsere Lebensspanne ist. Sehen Sie im Tod nicht nur das Dunkle;

öffnen Sie sich Ihrem einmaligen Leben, erfassen Sie es mit allen Sinnen – »erleben« Sie es wirklich wieder! Es wird die Qualität Ihres Lebens positiv verändern, wenn Sie lernen, Trauer richtig zuzulassen und Trauernde hilfreich zu begleiten.

Trauer braucht Zeit

Wie oft bekommen wir Anrufe von besorgten Verwandten, die immer nach demselben Muster ablaufen: »Kennen Sie einen Psychologen, der meiner Mutter helfen könnte? Mein Vater ist vor zwei Wochen gestorben, sie packt das nicht.« Weil wir ahnen, was kommt, fragen wir immer gleich: »Wie sieht das denn aus, wenn Ihre Mutter das nicht packt?« Die Antwort lautet dann meist: »Sie weint die ganze Zeit und will nicht mit uns spazieren gehen. Auch den Garten macht sie nicht mehr. Vorher war sie immer so gern im Garten.« Im Laufe dieses speziellen Gesprächs erfuhren wir dann, dass die beiden 50 Jahre miteinander verheiratet gewesen waren und fast keinen Tag voneinander getrennt. Und dann darf die Frau des Verstorbenen nicht einmal weinen?

»Man schließt die Augen der Toten behutsam; nicht minder behutsam muss man die Augen der Lebenden öffnen.«
Jean Cocteau

In den meisten Fällen geht es in dieser Situation darum, dass das Umfeld die Trauer des Angehörigen nicht aushält und endlich wieder zur Tagesordnung übergehen möchte, als sei nichts geschehen. Es ist aber etwas passiert im Leben der Betroffenen. Etwas sehr Gravierendes. Wer einmal beim Sterben eines Menschen dabei war, weiß, welche intensiven Gefühle dieses Ereignis in uns auslöst. Gefühle, die uns so tief in der Seele berühren, dass die Zeit stehen zu bleiben scheint und alles andere unwichtig wird. Wer den Tod erfährt, macht neue, existenzielle Erfahrungen, die ihn auf den Urgrund seines Seins zurückwerfen.

Für die Seele gibt es keinen Werkzeugkasten

Selbst als Trauerbegleiter dürfen wir das nie aus den Augen verlieren – und wir erleben es täglich, dass Menschen vor uns sitzen, für die diese Erfahrung einzigartig ist. Umso mehr gilt es für Menschen, die zum ersten Mal einen Trauernden in ihrem privaten Umfeld begleiten. Dass man Trauer per Terminplan zeitlich begrenzen kann, ist einer der gewaltigsten Trugschlüsse, denen die Angehörigen oft unterliegen. Denn für die Seele gibt es keinen Werkzeugkasten, da ist nichts wegzuschrauben, wegzuhobeln oder zuzuspachteln. Das muss von innen heraus heilen, und das braucht Zeit.

In diesem Fall versuchten wir, dem Angehörigen zu vermitteln, dass zwei Wochen keine lange Zeit für Trauer sind: »Wenn Ihre Mutter in einem Jahr immer noch nicht rausgeht und es sonstige bedrohliche Anzeichen gibt – dann müssen wir uns vielleicht Sorgen machen und reagieren. Seien Sie jetzt ganz beruhigt und geben Sie ihr bitte Zeit. Kümmern Sie sich weiter um Ihre Mutter, fragen Sie sie weiterhin, ob sie Lust hat, mit Ihnen spazieren zu gehen. Irgendwann wird sie sagen: Heute komme ich mit – der erste Schritt, dass es wieder vorwärts geht.«

Trauer kann man nicht »abkürzen«. Sie braucht ihre Zeit – Zeit, die darüber entscheidet, wie wir unser weiteres Leben erfahren.

Tränen zulassen

Trauer wird fast immer als unangenehm und bedrückend empfunden; sie soll, so schnell es geht, wieder verschwinden. Wir halten es ganz schwer aus, wenn jemand weint. Wenn man einem Bekannten oder Freund die heute schon fast ritualisierte Begrüßungsfrage: »Wie geht es dir?« stellt, will niemand die Wahrheit hören. Deshalb haben wir gelernt, brav eine stressfreie Antwort zu geben, anstatt zu sagen: »Mir geht es heute richtig schlecht, mir fehlt mein Mann.« Wenn einem dann noch die Tränen kommen, verabschiedet sich der Fragende in der Regel sehr eilig. Was der Trauernde bräuchte, bekommt er nicht: Anteilnahme, jemanden, der ihm zuhört und seine Tränen zulässt. Doch genau das müssen wir wieder lernen, wenn wir Menschen in ihrer Trauer begleiten und ihnen eine Stütze sein wollen.

Keine falschen Beschwichtigungen

Nie dürfen wir als Begleiter den Versuch unternehmen, den Tod zu relativieren, diesem Ereignis die Einzigartigkeit abzusprechen und vom Trauernden eine rationale Herangehensweise einzufordern. Auf diesen Sturm der Gefühle kann der Trauernde gar nicht mit rationalem Verhalten reagieren, das wäre eine unmenschliche Forderung – er darf es noch nicht einmal, denn um seine Trauer zu heilen, muss er sich genau diesen Gefühlen öffnen und sie zunächst einmal zulassen und ausleben. Wer Trauernde begleitet, dem muss klar sein, dass ihm ein tief verzweifelter Mensch gegenübersitzt, dem mit einem »Jetzt reiß dich doch mal zusammen!« überhaupt nicht geholfen ist. Deshalb: Weg mit den falschen Trostworten, mit dem »Licht am Ende des Tunnels«. Sie zeigen nur das mangelnde Verständnis dem Trauernden gegenüber.

Der Trauernde muss sich in seinem Schmerz ernst genommen fühlen. Er muss Raum für seine Trauer bekommen, Raum, den er dringend braucht. Denn eins ist klar: Das Leben wird nie wieder sein, wie es vorher war. Der Tod ist kein Beinbruch, bei dem der Betroffene sechs Wochen einen Gips trägt und danach wieder Sport treibt. Der Tod geht viel tiefer. Der Trauernde sieht keine Heilungschancen; eigentlich will er nur dorthin, wo sein Kind, sein Mann oder seine Frau jetzt ist.

Wer Trauernden zur Seite stehen will, muss vor allem eines mitbringen: Geduld. Und Geduld entwickelt sich nur, wenn wir Verständnis und Mitgefühl haben.

Falscher Trost hilft nicht weiter

Ein erfahrener Trauerbegleiter weiß, dass einen Menschen in diesen Situationen nichts trösten kann. Niemand kann Trauer einfach so wegreden. Der Schmerz und damit die Gefühle sollen ja gerade heraus. Jede Träne muss geweint werden.

Und deshalb darf man den Trauernden ihren Schmerz nicht klein reden. Es gibt nichts zu beschwichtigen – der Verlustschmerz ist dafür viel zu groß. Das Unfassbare muss zunächst begriffen werden – und zwar vom Trauernden selbst. Es verlangt einige Kraft, dem Impuls, mit Worten trösten zu wollen, nicht nachzugeben. Der Trauerbegleiter hat in dieser Phase wichtigere Aufgaben: zuhören. Da sein und Nähe schaffen. Den Trauernden bestärken, seinen Gefühlen freien Lauf zu lassen. Wir raten Trauernden: Versuchen Sie, falschen Tröstern aus dem Weg zu gehen. Sie nehmen Sie nicht ernst und verletzen Sie damit. Nicht aus Boshaftigkeit – sie wissen es nicht besser. Und Sie werden keine Kraft haben, ihnen beizubringen, wie sie Sie in Ihrer Trauer ernst nehmen. Sagen Sie ihnen, dass es Ihnen im Moment nicht guttut, was sie sagen. Das muss

Trostworte, die Schaden anrichten

- »Das wird schon wieder ...«
- »Die Zeit heilt alle Wunden.«
- »Ich weiß genau, wie du dich jetzt fühlst. Als ich damals ...«
- »Das ist noch gar nichts! Damals im Krieg ...«
- »Du kannst doch wieder ein Baby bekommen.«
- »Du bist doch noch jung und kannst wieder heiraten.«
- »Fahr einfach ein paar Tage in Urlaub – dann kommst du auf andere Gedanken!«
- »Kopf hoch – auch das geht vorüber.«
- »Das Leben geht weiter.«
- »Man muss auch loslassen können.«
- »Gott hat es so gewollt.«

eine Freundschaft aushalten können – wenn sie es nicht tut, ist es keine. Andererseits können in diesem schmerzhaften Umgestaltungsprozess auch neue Freundschaften entstehen.

Den richtigen »Trauerbegleiter« finden

Nach unserem Verständnis ist Trauernde zu begleiten nicht gleichzusetzen mit der Berufsbezeichnung Trauerbegleiter, die leider nicht geschützt ist. Unsere Mitarbeiter haben eine zweijährige berufsbegleitende Ausbildung absolviert; ansonsten sprechen wir vom »Freund als Trauerbegleiter«.

Es gibt sicherlich Freunde, die Sie in Ihrer Trauer begleiten können; diese sind jedoch keine ausgebildeten Trauerbegleiter.

Ein Phänomen in der Trauer ist, dass einem plötzlich Menschen zur Seite stehen, die vorher nicht sichtbar waren. Menschen, mit denen man gar keinen so engen Kontakt hatte. Ein Arbeitskollege, den man bisher kaum wahrgenommen hat, kommt plötzlich auf einen zu; der Kollege, dem man jeden Tag gegenübersitzt, kann einem nicht einmal in die Augen schauen, geschweige denn mit einem sprechen.

Menschen, die in der Trauer überraschend auf den Trauernden zukommen und bei denen sich der Trauernde wohlfühlt, sind ein echtes Geschenk. Es sind die Menschen, die mit der Trauer und dem

Zustand des Trauernden gut umgehen können, Menschen, die keine Angst vor dem Trauernden haben. Die beharrlich sind, wohlmeinend, selbstlos und die den Trauernden unterstützen wollen. Alle anderen Menschen, die ein Problem mit der Trauer haben, werden den Trauernden meiden. Erwarten Sie nicht von einem Trauernden, dass er sich meldet, wenn er etwas braucht – dazu ist er nicht in der Lage. Das ist die Aufgabe, die der Trauerbegleiter erfüllen sollte.

Aktiv Hilfsbereitschaft zeigen

Der Freund als Trauerbegleiter sollte nicht darauf warten, dass man ihn ruft – er muss sich selbst melden, beharrlich sein, vorbeischauen, etwas mitbringen, anbieten, etwas zu erledigen. Die Augen offen halten, wo er helfen kann, ohne groß zu reden. Den Rasen mähen, den Müll runterbringen. Schnee schaufeln. Diese kleinen Sachen, die für den Trauernden nicht klein sind, weil er den Alltag kaum bewältigen kann. Unterstützen, ohne aufdringlich zu sein. Vielleicht ein kleines Geschenk mitbringen, Blumen, ein schönes Buch, etwas, das dem Trauernden Freude macht. Diese kleinen Gesten zeigen: Ich bin da! Man kann solche kleinen Geschenke auch mit einem Gruß vor die Tür stellen, wenn man Sorge hat, man stört.

Bringen Sie dem Trauernden sich selbst, Ihre Aufmerksamkeit, Ihre Ruhe, Ihr Mitgefühl und Ihre Zeit als Geschenk mit.

Versuchen Sie immer wieder, den Trauernden aus seinem Tief zu holen, lassen Sie sich aber nicht abschrecken und fühlen Sie sich nicht zurückgewiesen, wenn ein Nein kommt. Bringen Sie den Trauernden immer wieder zum Reden. Geben Sie der Trauer ihren Platz. Nichts ist so wichtig wie ein guter und intensiver Austausch darüber, wie und was in der Trauer erlebt wird. Und jeder hat seine eigene Art und Weise, mit seiner Trauer umzugehen.

Zu nichts drängen

Der Trauernde muss selbst entscheiden, wann für ihn der richtige Zeitpunkt gekommen ist, die Gemeinschaft mit anderen Menschen zu suchen. Wichtig sind in dieser schwierigen Phase allein seine Bedürfnisse. Wenn jemand sagt: »Ich kann das im Moment noch nicht, es tut noch zu weh«, ist das völlig in Ordnung. Es gibt kein Richtig oder Falsch. Das Umfeld sollte dafür sensibel sein, dass

Was der Trauerbegleiter praktisch tun kann

Da sein Zum Spazierengehen, zum Essen, ins Kino, Konzert oder ins Theater einladen
Helfen Behördengänge, Einkäufe u. Ä. gemeinsam erledigen, auf den Friedhof begleiten, zusammen im Garten arbeiten
Sich helfen lassen Den Trauernden mit diesem einfachen »Trick« einbinden und selbst um Unterstützung bitten: »Kannst du mir helfen ...?«
Anrufen Und zwar regelmäßig – und es nicht persönlich nehmen, wenn Sie zurückgewiesen werden
Schreiben Eine Karte schreiben mit verständnisvollen Worten
Gedenken Gedenktage wie Geburtstag und Todestag nicht vergessen
Schenken Kleine Geschenke machen; sie müssen nicht teuer sein, dafür umso liebevoller – die Geste zählt
Dranbleiben Auch wenn Sie dreimal ein Nein gehört haben und Ihre Hilfe zurückgewiesen wurde: immer wieder vorbeigehen, Unterstützung anbieten, da sein

jeder Mensch für sich entscheidet, was für ihn gut ist und wann er seine ersten Schritte wieder gehen kann.
Die Aufgabe des Trauerbegleiters ist, sich in dieser Situation nicht den Mut nehmen zu lassen. Auch dann nicht, wenn er zum zwanzigsten Mal eine Absage bekommt. Das ist der Trauerprozess. Ihre Beharrlichkeit wird später belohnt, wenn sich der Trauernde wieder dem Leben öffnet. Selbst wenn die Zurückweisung im ersten Moment wehtut, müssen wir verstehen, dass der andere Zeit braucht für sich. Bleiben Sie dran, das ist wichtig.
Als Trauerbegleiter kann ich den Trauernden aus seiner Lethargie holen, wenn ich Aufgaben finde, die man gemeinsam erledigen kann. Mit diesen Aufgaben stärke ich mein Gegenüber, weil der Trauernde handeln und entscheiden muss und damit nicht völlig den Kontakt zur Wirklichkeit verliert. Er kann wenigstens ein paar Momente Erholung abseits der Trauer finden.

Reden bedeutet Heilung

Wenn ein Toter für den Abschied in unser Haus kommt, ist es uns ganz wichtig, etwas über sein Leben und seine letzten Stunden zu erfahren. Selbst nach all den Jahren der Trauerbegleitung sind wir immer noch berührt. Wir fragen deshalb die Angehörigen immer, ob sie beim Sterben dabei waren und wie sie den Tod erlebt haben.

Immer spüren wir in diesen Erzählungen eine ganz große Erschütterung der Betroffenen, das Gefühl, dass etwas sehr Mächtiges, Unaufhaltsames in ihr Leben eingebrochen ist. Wir zeigen unser ehrliches Interesse und fragen weiter, wie es geschehen ist und wann die Nachricht kam. Wir lassen uns alles genau schildern. Es ist nicht für jeden Menschen sofort nachvollziehbar, warum wir das tun. Doch unsere Erfahrung zeigt: Wie offen die Trauernden mit ihren Gefühlen umgehen und wie gut sie darüber reden können, wird auch die Art beeinflussen, wie heilsam sie mit ihrer Trauer umgehen werden. Wir erleben bei diesen Gesprächen auch, dass Angehörige auf unsere Fragen mit einer Gegenfrage antworten: »Warum interessiert Sie das?« oder härter: »Was geht Sie das an?« Oft kommen solche Fragen von Männern, die ihre Frau schützen wollen.

Totschweigen hilft nicht

Wenn eine Frau beispielsweise ihr Kind tot geboren oder kurz nach der Geburt verloren hat, fragen wir ganz natürlich nach: »Wie war die Geburt?« – wenn das Kind gesund ist und lebt, eine ganz selbstverständliche Frage. Ist das Kind aber tot, tut man so, als habe es keine Geburt gegeben; man fragt nicht nach, vorgeblich, um die Mutter zu schonen. Der Tod wird tabuisiert. Die Mutter muss da durch, dass sie keiner fragt und sie nicht reden kann; sie muss mit

ihren Gefühlen, der Trauer und dem Schweigen ihrer Umgebung allein fertig werden. Genau das aber ist falscher Schutz – denn Totschweigen ist der zweite Tod, nicht nur für das Kind, sondern auch für die Mutter.
Was Mütter in einer solchen Situation durchmachen, ahnt kaum jemand. Viele dieser Frauen wissen zu Beginn der Geburt, dass ihr Kind bereits tot ist. Das bedeutet, dass eine Mutter ihre ganze Kraft, den ganzen Stress und das ganze Risiko einer Geburt auf sich nehmen muss – in dem Wissen, dass die Geburt »sinnlos« ist. Mehr Schmerz gibt es wahrscheinlich nicht. Sie ist in einem Ausnahmezustand, hat gerade ein Erlebnis hinter sich gebracht, das allein vom Geburtsvorgang her jeden Menschen an seine Grenzen führt. Nun ist nach all der Anstrengung das Kind auch noch gestorben. Und darüber soll eine Frau nicht sprechen dürfen? Unmenschlich wäre es doch, nicht danach zu fragen.

Den Tod zu tabuisieren und möglichst schnell zur Tagesordnung überzugehen, hilft keinem Trauernden.

Behutsam und voller Empathie

Es gibt in diesem Augenblick für eine Mutter, die um ihr Kind weinen möchte, nur ein Thema: die Geburt ihres Kindes. Doch fast alle Frauen bestätigen uns, dass sich vor uns keiner getraut hat zu fragen, wie die Geburt war und wie es der Mutter geht. Die Frage allein stellt die Geburt wieder in den Mittelpunkt. Es geht darum, der Mutter eine gute Trauer um ihr verlorenes Kind zu ermöglichen – was nicht gelingt, wenn man das Erlebte tabuisiert und am liebsten gleich wieder zur Tagesordnung übergehen würde. Wir ermuntern die Mutter, darüber, was sie erlebt hat, zu sprechen, darüber, was sie jetzt fühlt. Sie soll ihre Trauer, Ängste, Schuldgefühle und Wut, ja ihre ganze Verzweiflung aus sich herauslassen. Wir vergessen dabei auch nicht, den Vater zu fragen, der den Verlustschmerz ebenso fühlt.
Wichtig ist, dass der Freund als Trauerbegleiter behutsam vorgeht. Senden Sie zunächst Signale der Anteilnahme, das kann zu Beginn ein Brief, eine SMS oder ein Anruf sein. Es ist keineswegs immer so, dass ein Trauernder sich einigelt und allein gelassen sein will – er braucht gerade in dieser Phase Aufmerksamkeit und Zuwendung. Und vor allem jemanden, der ihm zuhört.

Den Tod realisieren

Das Interesse des Gegenübers und das Erzählen helfen jedem Trauernden, das Geschehene anzunehmen. Seine Welt hat sich völlig verändert, sie wurde zertrümmert, und Stück für Stück muss er sie sich erst wieder neu zusammensetzen.

Das geschieht auch durch Erzählen. Das Suchen nach Worten, um das Unfassbare zu schildern, unterstützt den Prozess des Realisierens, dass der geliebte Mensch jetzt wirklich tot ist. Denn selbst wenn der Angehörige beim Sterben daneben stand, braucht er noch eine ganze Weile, bis der Tod als Tatsache wirklich bei ihm angekommen ist.

Wenn der Trauernde vom Tod spricht, ist dies der erste Schritt zur Anerkennung dieser gewaltigen Tatsache und auch der erste Schritt zur heilsamen Trauer.

Die Menschen stehen besonders dann unter Schock, wenn der Tod plötzlich und völlig überraschend in den Alltag eingebrochen ist. Wenn wir versuchen, unsere Gefühle in Worte zu »fassen«, beginnt das Verstehen.

Beim Erzählen geht es um die Einleitung des Trauerprozesses – und am Anfang steht immer das Anerkennen: Er ist jetzt wirklich tot. Beistand und Zuwendung des Trauerbegleiters sind in diesem Chaos eine wichtige Konstante, die Orientierung gibt. Bei unseren ersten Gesprächen mit dem Trauernden geben wir immer Raum und die Zeit, die die Angehörigen brauchen, um in dieses Erzählen zu kommen.

Die zweite Stütze – zuhören

Genauso wichtig wie das Erzählen ist das Zuhören, damit die Worte nicht ins Leere laufen. Die Menschen sagen uns hinterher sehr häufig, wie befreiend es war, über ihre Erlebnisse beim Tod des Angehörigen zu sprechen. Es bahnt den Weg der zukünftigen Entwicklung. Wenn hier Unterstützung kommt, wenn Trauer zugelassen wird, wenn der Trauernde reden darf, wenn ihm zugehört wird, gelingt es ihm besser, das Erlebte zu realisieren. Ihre Aufgabe als Trauerbegleiter ist es dann, aufmerksam zuzuhören und sich Zeit zu nehmen.

Mit Aggression und Wut umgehen

Dabei wird der Trauerbegleiter nicht selten auch mit Gefühlen wie Wut und Aggression konfrontiert. Dies führt uns selbst bei AETAS immer wieder an unsere Grenzen. Es gibt in diesen Situationen nur ein Mittel, das helfen kann: mitfühlendes Verständnis. Wenn sich ein Trauernder uns gegenüber wütend und aggressiv verhält, sprechen wir das in diesen Momenten offen an. Wir bewerten sein Verhalten nicht, sondern versuchen, den Trauernden dort abzuholen, wo er gerade steht. Wir halten den Menschen in diesem Augenblick vorsichtig den Spiegel vor und sagen: »Ich verstehe Sie. Sie wollen jetzt überall sein – bloß nicht hier, um mit uns die Beerdigung Ihrer Tochter zu besprechen.« Damit nehmen wir der Aggression oft schon den Stachel und erfahren häufig Betroffenheit und Innehalten bei unserem Gegenüber. Der Trauernde realisiert plötzlich, dass wir nicht schuld sind an seinem Verlust und es sein Schmerz ist, der diese Wut antreibt. Und dann passiert es oft, dass dieser Mensch zu weinen und zu erzählen beginnt.

Trauernde, die sich aggressiv verhalten, haben große Not und brauchen unser Verständnis, so schwer es im ersten Moment auch fallen mag. Sie brauchen keine Zurechtweisung und keine Gegenaggression. Weinen bedeutet sich öffnen, der Panzer fällt ab, das Leid kann endlich nach draußen abfließen. Es ist wie eine Erlösung für alle Beteiligten.

Machen Sie sich als Trauerbegleiter immer klar, dass eventuell auftretende Wut und Aggressionen des Trauernden nicht gegen Sie gerichtet sind.

Nach den wahren Ursachen suchen

Haben wir eine gemeinsame Gesprächsbasis gefunden, können wir die nächsten Schritte besprechen. Viele Menschen fangen dann erst an zu überlegen, worum es ihnen eigentlich geht – und nennen ihre Wut – beispielsweise über einen Suizid – erstmals beim Namen: »Wie konnte er uns das antun …?« Menschen, die sich besonders aggressiv gegen den Tod wehren, erleben den Abschied von ihrem Toten häufig als beruhigend und versöhnlich. Wir wissen nicht, warum das so ist; vielleicht müssen sie erst um den richtigen Weg ringen und Widerstände überwinden, um ihrer Trauer Ausdruck zu verleihen. Und weil wir das schon so oft erlebt

haben, besitzen wir die Stärke und die Zuversicht, auch bei aggressivem Verhalten einen Weg zu finden, der diese starken Energien umwandelt.

Es gibt auch Menschen, die in dieser Situation fortlaufend lächeln und damit ihre Unsicherheit und Angst überspielen. In diesen Fällen ist es ganz wichtig, behutsam die Fragen zu stellen, die sie tief im Innersten berühren, damit auf diese Weise das Ventil zum Trauern geöffnet werden kann.

Wut ist Energie, die sich in etwas wandeln kann, das den Trauernden weiterbringt.

Trauer, die sprachlos macht

Eine Herausforderung für uns stellen auch die wirklich Sprachlosen dar, weil man schwer an sie herankommt und nicht weiß, was sie in ihrem Inneren beschäftigt. Auch hier hilft nur Geduld, und wir signalisieren immer wieder: »Es ist nur verständlich, bei einem solchen Schicksal sprachlos zu werden. Wir können auch gemeinsam schweigen.« Später, viel später erzählen uns diese Menschen oft, dass wir ihnen damals sehr geholfen haben – wir waren da und haben sie so angenommen, wie sie waren. Dabei bestätigt sich wieder, dass diese Menschen alles sensibel aufnehmen konnten, was in ihrer Umgebung vor sich ging.

Das Kind beim Namen nennen

Der Trauernde nimmt uns genau wahr und registriert, ob wir ihm guttun oder nicht. Es kommt alles an. Trauernde, die uns abwesend erscheinen, erinnern sich später häufig an Sätze, die eine eher negative Wirkung auf sie hatten, etwa: »Der Polizist hat immer nur von Leichnam gesprochen und nicht von meinem Mann Peter.« Wenn der Tote zur Sache deklariert wird, verletzt mich dies als Angehörigen.

Auch die Angehörigen selbst versuchen, ihren Verlustschmerz durch eine unpersönliche Sprache von sich abzukapseln. Wir hören dann am Telefon: »Wann holen Sie die Leiche?« Und wir antworten: »Sie meinen Ihre Mutter?« Wir merken dann immer, wie die Leute am anderen Ende der Leitung erschrecken: »Ja, natürlich, meine Mutter!«

Wertschätzung und Respekt

Einen Leichnam gibt es in unserer Sprache nicht. Eine Leiche ist eine Sache, aber eben kein Mensch mehr. Wir sind der Meinung, dass der Mensch auch nach seinem Tod seine Würde behalten darf. Deshalb sprechen wir immer vom Verstorbenen, und sobald wir seinen genauen Namen wissen, nennen wir ihn auch so. Bei Erwachsenen sagen wir immer »Ihr Ehemann« oder »Ihre Mutter«; bei Kindern bleiben wir grundsätzlich beim Vornamen.

Der Tod hat für die Angehörigen immer etwas Persönliches; da kann man nicht abstrahieren, ohne gefühllos zu erscheinen. Leichnam ist etwas Unpersönliches, die Nennung des Namens hingegen bedeutet Wertschätzung. Wir vermeiden alles, was den Verstorbenen seiner Persönlichkeit beraubt und ihn zur Sache macht. Denn Sachen entsorgt man, von einem geliebten Menschen verabschiedet man sich.

Der Tod ist immer etwas sehr Persönliches. Vermeiden Sie es deshalb auch als Trauerbegleiter zu abstrahieren.

Alarmzeichen – wenn Trauer krank macht

Hat die Trauer so viel Macht gewonnen, dass sie den Trauernden keine Sekunde des Tages aus ihren Armen lässt und völlig seinen Tagesinhalt bestimmt, sollte der Begleiter achtsam werden. Der Trauernde nimmt dann nicht mehr am Leben teil und braucht unter Umständen professionelle Hilfe. Nachfolgend sind einige Beispiele für Verhaltensweisen aufgelistet, auf die Sie als Freund des Trauernden besonders achten sollten.

Hier ist professionelle Unterstützung notwendig

- Intensive Trauerschübe allein beim Erzählen des Verlusts, obwohl bereits Jahre vergangen sind
- Übermäßige Trauerreaktion bei scheinbar geringstem Anlass – selbstzerstörerisches Handeln wie etwa Alkohol- oder Drogenmissbrauch, Esssucht, Suizidandrohung
- Anhaltende Feindseligkeit, unkontrollierte Aggressionsausbrüche oder unterdrückte Wut; unterdrückte Gefühle jeder Art, die zu mechanischem Verhalten führen
- Anhaltende, immer wiederkehrende depressive Symptome auch noch Jahre nach dem Verlust
- Aufmerksamkeitsstörungen, verlangsamtes Verhalten, mangelnde Motorik im Alltag
- Anhaltende grobe Vernachlässigung sozialer Beziehungen
- Schleichender körperlicher Verfall und mangelnde Hygiene

Treten derlei Auffälligkeiten »kurz« nach dem Tod des Angehörigen oder Freundes auf, ist dies ganz normal; halten die Verhaltensweisen jedoch länger an, sollte professionelle Unterstützung in Erwägung gezogen werden.

Trauer hat kein »Enddatum«. Sie verläuft bei jedem Menschen individuell.

Umgang mit den eigenen Gefühlen

Wir dürfen unseren Gefühlen als Trauerbegleiter durchaus freien Lauf lassen und auch mit den Angehörigen weinen. Nichts runterschlucken, Gefühle leben und rauslassen, wenn einem danach ist. Wenn eine Mutter nach ihrem Kind schreit und es beim Abschied beweint, können wir unsere Tränen gar nicht zurückhalten, weil diese Gefühle so ehrlich sind und so unter die Haut gehen. Das lässt keinen Menschen unberührt.

Ob man Gefühle zeigt, hängt natürlich auch davon ab, welchen Zugang man zu den Angehörigen hat. Ist es ein vertrauensvolles Verhältnis, ist es auch schön, wenn man loslassen kann und mit den Angehörigen gemeinsam weint – auch für sie ist es gut, weil sie durch uns erfahren, dass sie weinen dürfen. Wenn die Trauerbegleiter schon gerührt sind und weinen, dann dürfen es die Angehörigen erst recht. Wenn man zusammen weint, kann eine ganz besondere Vertrauensbasis entstehen; weinen verbindet im Leid, man kommt ins Erzählen über den Verstorbenen. Und dann tauchen auch wieder die vielen schönen Erinnerungen auf, die man miteinander teilen kann.

In solchen Gesprächen nimmt jeder etwas Gutes für seine eigene Lebenseinstellung mit. Für sein eigenes Lebensgefühl. So bin ich nicht nur mit dem traurigen, sondern auch mit sehr viel Schönem in Kontakt. Es gibt für uns Trauerbegleiter auch eine Grenze, sie entsteht im Unterschied zwischen Mitfühlen und Mitleiden. Wir fühlen mit – aber wir dürfen nicht mitleiden, weil wir durch diese Übertragung sonst schnell den Überblick verlieren und emotional in kurzer Zeit völlig ausbrennen würden. Mitgefühl haben und Mitgefühl zeigen: ja – aber mitleiden, das dürfen wir nicht, diesen Weg muss der Trauernde allein gehen, denn das ist seine Aufgabe. Wir unterstützen ihn, damit er im Leiden nicht untergeht. Auch durch unser Mitgefühl.

Beherzigen Sie als Trauerbegleiter den Unterschied zwischen Mitfühlen und Mitleiden.

Einfache Regeln der Trauerbegleitung

Die Hemmungen, die viele Menschen gegenüber Trauernden haben, sind durchaus nachvollziehbar. Was soll ich nur sagen? Was, wenn es das Falsche ist? Darf ich den Tod überhaupt ansprechen? Gemeinsame Erinnerungen abrufen? Soll ich besser über

Die Aufgaben der Trauerbegleitung

Wir können Trauernde in der folgenden Weise unterstützen:
Tod begreifen helfen
Reaktionen Raum geben
Anerkennung des Verlusts äußern
Uebergänge unterstützen
Erinnern und Erzählen ermutigen
Risiken und Ressourcen einschätzen

Alltägliches plaudern? Was soll ich machen, wenn mein Gegenüber schweigt? Und wie reagiere ich, wenn der Trauernde plötzlich weint? Allen, die Angst vor diesem Hürdenlauf haben, sei Folgendes gesagt:

- Es gibt nur eins, das Sie wirklich falsch machen können: gar nichts tun.
- Sie machen nichts falsch, wenn Sie offen Mitgefühl zeigen, und Ihre Unsicherheit.
- Sie machen alles richtig, wenn Sie offen sind und zuhören. Nur wer zuhört, kann den Schmerz eines anderen Menschen erfassen und ihm das Gefühl geben, dass er verstanden wird.

Das Wichtigste – Aufmerksamkeit

Seien Sie dem Trauernden gegenüber immer ehrlich. Geben Sie auch zu, wenn Sie einmal ratlos sind. Sie müssen nicht immer etwas sagen, Sie müssen nur da sein.

Trauernde sind viel offener für Zuwendung und Anteilnahme, als wir denken. Was immer guttut, ist Aufmerksamkeit. Wir können eine Stütze sein, wenn wir Folgendes beachten:

- Der Trauernde steht im Mittelpunkt unserer Bemühungen.
- Wir begleiten ihn wie unseren besten Freund.
- Unser eigenes Wollen, unsere eigenen Ansichten und Bedürfnisse treten dahinter zurück.
- Der Trauernde bestimmt, wie weit er sich öffnet, was er erzählt und wie schnell oder stockend er es tun kann oder will. Wir drängen nicht.
- Unsere Körpersprache ist zugewandt und zeigt dem Trauernden: Ich bin heute ganz für dich da.
- Wir nehmen uns Zeit und wir haben Zeit und planen sie fest ein ohne Druck eines Folgetermins.
- Wir lassen dem Trauernden alle Zeit, die er braucht. Wir drängen ihn zu nichts. Wir überreden ihn zu nichts.
- Wir lassen Ruhe und Schweigen zu.
- Wir sind an allem interessiert und blocken nicht ab, wenn der Trauernde seine Geschichte aufs Neue wiederholt.
- Wir sind nicht beleidigt und fühlen uns nicht zurückgewiesen, wenn der Trauernde Zeit für sich braucht und allein sein möchte.
- Wir werten nicht. Wir kommentieren Ereignisse nicht.

- Wir trösten, indem wir für den Trauernden da sind – nicht durch Worte, Beschwichtigungen oder Erklärungsversuche.
- Wenn der Trauernde weint, halten wir den Schmerz, die Wut und die Verzweiflung gemeinsam aus.
- Wir versuchen nicht, Trauer zu verhindern: Jede geweinte Träne entlastet, jede nicht geweinte Träne belastet.
- Wir geben keine Absichtserklärungen ab, wir handeln und sind da.
- Eine einfache Umarmung ist auf jeden Fall stärker als jedes überflüssige Wort.
- Wir bringen unsere ganze Aufmerksamkeit, unsere Ruhe, unser Mitgefühl und unsere Zeit als Geschenk mit.
- Wir sind einfach da – ohne Hast, ohne aufgesetzte Fröhlichkeit, ohne falsche Betroffenheit.
- Wir bleiben behutsam, achtsam, herzlich, zugewandt, verständnisvoll, entspannt und ruhig.

Wenn wir einmal unsicher sind, dann sagen wir es: »Ich weiß nicht, was ich sagen soll.«

Die Grundsätze unserer Arbeit bei AETAS

Aufklärung	Wir klären Trauernde über deren Rechte, Pflichten und Möglichkeiten auf; das bedeutet Aufklärung, nicht Vorgeben.
Entscheidungshilfe	Der aufgeklärte Trauernde trifft seine Entscheidungen selbst.
Trauerstrukturierung	Trauer braucht Struktur durch Schaffung von Rahmenbedingungen, Transparenz und Ehrlichkeit.
Aktivitätsförderung	Wir ermutigen zum eigenen Tun und Handeln. Wir aktivieren Ressourcen und nehmen dem Trauernden nicht alles aus der Hand.
Stabilisierung	A, E, T und A geben dem Trauernden mehr Sicherheit in dieser Extremsituation und sind Grundlage für S wie Stabilisierung: Der Trauernde ist wieder »bei Sinnen« und stellt sich den Anforderungen der Realität.

Día de los Muertos

Wie viel Kraft uns der Abschied beim letzten Fest schenken kann und wie verkrampft wir in Deutschland mit dem Sterben umgehen, hat Nicole Rinder noch einmal zwei Jahre nach dem Tod ihres Sohnes erfahren dürfen. Davon möchte sie Ihnen berichten:

Anfang November 2001 reisten wir mit der ganzen Familie nach Mexiko, um den Herbst etwas zu verkürzen und mit ein paar Tagen Strandurlaub auszuspannen. Ich kann nicht sagen, dass nach dem Tod unseres Kindes schon wieder Alltag eingekehrt war; immer wieder kamen Trauerschübe, doch wir versuchten, ein normales Leben zu führen. Eine erneute Schwangerschaft hatte sich jedoch nicht ergeben.

Die Gedanken an meinen Sohn waren immer wieder sehr präsent, und so konnte auch die schöne Sonne Mexikos nicht verhindern, dass ich wegen des anstehenden Jahrestags seiner Geburt etwas angespannt war. Am 3. November hatte ich meinen Sohn geboren – vier Tage später, am 7. November 1999, war er in meinen Armen gestorben. Das vergisst eine Mutter nicht. Jetzt hätte er seinen zweiten Geburtstag mit uns feiern können, und ich stellte mir vor, wie er dann ausgesehen hätte. Vielleicht war es Zufall, vielleicht hat meine Seele irgendwie danach gesucht – jedenfalls ist es für mich heute noch wie ein Wunder, was in jenen Tagen um den 1. November 2001 geschah.

Einmal im Jahr, jeweils in der Nacht vom 1. auf den 2. November, feiert man in Mexiko ein fröhliches Wiedersehen mit den Toten.

Der Tag der Toten

In einem Reiseführer lasen wir, dass in einem Ort etwas abseits unserer Reiseroute ein ganz besonderes Fest gefeiert werden sollte: der »Día de los Muertos«, der Tag der Toten. Nach dem Glauben der Mexikaner kommen die Seelen der Verstorbenen einmal im Jahr am Ende der Erntezeit zurück und feiern in der Nacht vom 1. auf den 2. November ein fröhliches Wiedersehen mit den Lebenden bei gutem Essen und schöner Musik. Es ist einer der wichtigsten Feiertage Mexikos.

Ich dachte noch, ein Totenfest so kurz vor seinem Geburts- und Todestag, das passt doch, schöner kann ich den Gedenktag nicht

Im Zeichen der Verstorbenen

Die Hauptfeier zum »Día de los Muertos« findet am 2. November statt, doch schon die Tage davor stehen im Zeichen der Verstorbenen.

- In der Nacht vom 28. auf den 29. Oktober wird der Seelen der Verstorbenen gedacht, die bei Unfällen, Selbstmord oder Mord zu Tode kamen.
- In der Nacht vom 29. auf den 30. Oktober wird der Seelen der Verstorbenen gedacht, die ohne Taufe oder letzten Segen gestorben sind.
- In der Nacht vom 30. auf den 31. Oktober wird der Seelen der Verstorbenen gedacht, die keine Angehörigen hatten.
- Die Nacht vom 31. Oktober auf den 1. November symbolisiert die Ankunft der »Angelitos«, der als Engelchen bezeichneten toten Kinder.

begehen. Wir fuhren mit dem Mietwagen von der Küste in den kleinen Ort Oaxaca, ohne genau zu wissen, was da auf uns zukommen würde. Als wir in den Ort fuhren, war ich von einer Sekunde auf die andere in einer anderen Welt. In Deutschland hatte ich gelernt, den Tod meines Kindes zu verschweigen, um andere Menschen – vor allem andere Mütter mit gesunden Kindern – nicht in Verlegenheit zu bringen. Zu oft hatte ich erlebt, dass Gespräche abrupt abbrachen, sobald ich freimütig vom Tod meines Kindes erzählte. Den meisten war das schnell zu viel, sie wussten nicht, damit umzugehen und was sie sagen sollten. Irgendwann hatte ich dann angefangen, still und für mich allein zu trauern.

In unserer Gesellschaft sind viele Menschen mit dem Gedanken an den Tod – oder gar dem Reden darüber – überfordert.

In einer anderen Welt

Was für ein Bild dagegen in Oaxaca! Dort erwartete mich eine zweite Offenbarung in Sachen Trauer, die ebenso prägend für meine Arbeit werden sollte wie die Erlebnisse beim Tod meines Sohnes. In diesem kleinen Ort sah ich zum ersten Mal, was es wirklich bedeuten kann, das letzte Fest zu feiern. Alles war in bunten Farben festlich geschmückt. Auf den Straßen herrschte ausgelassenes Treiben, Kinder sprangen umher, Männer mit den traditionellen Sombreros sangen und spielten Mariachi-Musik, alle Menschen, auf die wir trafen, wirkten heiter und freundlich wie in Erwartung eines lang ersehnten Festes. Wir konnten nicht glauben, dass hier am Abend eine Totenfeier beginnen sollte, heute sollte das Fest seinen Höhepunkt finden.

Vor jedem Hauseingang hatten die Bewohner einen Altar aus Blumen und Tüchern in allen Farben errichtet. In der Mitte dieser »Ofrendas« steht ein Foto des zuletzt im Haus Verstorbenen. Kerzen und Weihrauch sollen böse Geister abhalten, auf dem Altar stehen Getränke und die Lieblingsspeisen des Toten sowie viele seiner persönlichen Dinge, die an sein Leben und das, was er beruflich gemacht hat, erinnern sollen – wie ein heiterer Willkommensgruß, wenn die Toten mit Einbruch der Dunkelheit wieder nach Hause kommen.

Die Rückkehr der Toten ist im mexikanischen Volksglauben nicht mit Angst besetzt. Im Gegenteil: Man freut sich auf den Besuch geliebter Menschen.

Gelb weist den Weg

Damit die Seele nach ihrer langen Reise sicher ihr ehemaliges Zuhause findet und sich stärken kann, werden vom Friedhof bis zu den Häusern gelbe Ringelblumen, gelbe Chrysanthemen und Cempasuchil (»Blume der Toten«) gestreut, denn Gelb können die Toten nach altem Volksglauben am besten erkennen. Aus demselben Grund werden bei Einbruch der Dunkelheit an den Hauseingängen gelbe Laternen angezündet, die den Toten den Weg zu ihren Familien weisen.

Die Rückkehr der Toten ist im mexikanischen Volksglauben nicht mit Angst besetzt. Im Gegenteil: Man freut sich auf den Besuch geliebter Menschen. Jeder Altar war ein Kunstwerk für sich und erzählte auf ganz individuelle Weise Geschichten aus dem Leben des Verstorbenen. Er machte deutlich, dass der Tote über das Jahr nicht vergessen worden war. Mit dem Schmücken des Altars holt man die Toten wieder zurück in die Erinnerung, zurück in die Familie. Die Trauer wird nach außen gekehrt, nicht nach innen. Das Schmücken des Altars führt die Familien zusammen, stärkt die sozialen Bindungen und fängt die Trauernden auf.

Geschichten über die Toten

Dass man der Toten auch fröhlich, mit einem Augenzwinkern gedachte, sahen wir an manchem Altarschmuck: hier eine Tequila-

flasche, dort Bilder schöner Frauen und großer Autos. Bei den Fleißigen sah man Handwerkszeug und kunstvoll gefertigte Gegenstände. Und jeder Besucher war eingeladen, sich diese Geschichten erzählen zu lassen – Geschichten, die einen tiefen Eindruck hinterlassen, weil sie den Lebenden auf so liebevolle und heitere Art die eigene Vergänglichkeit vor Augen führen.
Die Willkommensgrüße an die Toten waren in der ganzen Stadt präsent, wo wir auch hinkamen. Jedes Schaufenster war dekoriert. Die Bäckereien waren voller traditioneller Totenkopfbrote (»Pan de los muertos«); wir sahen Marzipansärge, Totenköpfe und Skelette aus Zuckerguss, die auf Bestellung auch den Namen des Toten auf der Stirnseite trugen. Besonders die Kinder freuten sich über diese Leckerei; sie waren in die Festvorbereitungen vollkommen mit eingebunden und konnten diesen Tag im Jahr kaum erwarten.

Für die Mexikaner bedeutet der Tod nicht das Ende, sondern den Übergang in eine andere, bessere Daseinsform.

Keine Angst vor dem Leben

Diese Art, die Verstorbenen zu feiern, mag auf Europäer befremdlich wirken, doch die Mexikaner betrachten den Tod traditionell als etwas, vor dem sich niemand zu fürchten braucht. Im Gegenteil: Er ist allgegenwärtig und Teil des Lebens. Der Tod wird nicht tabuisiert – selbst die Kinder nennen ihn ehrfürchtig und beinahe liebevoll »Pelona« (Kahlkopf). Dank ihrer indianischen Wurzeln sehen die Mexikaner den Tod als Übergang in eine andere, bessere Daseinsform. Als Transformation – nicht als das Ende. Die allgegenwärtigen Totenschädel und Skelette am Día de los Muertos sind ein positiv besetztes Symbol für Tod und Wiedergeburt, das die Furcht vor dem Tod nehmen soll.
Und so hat das Ereignis selbst für Kinder nichts Gruseliges, nichts Unheimliches oder Bedrückendes, bei dem man nur flüstern darf – es wurde gelacht und getanzt, wie auf jedem Fest. Zwar haben auch in Mexiko die Menschen Angst vor dem Tod, doch stellen sie sich dem Tod und tabuisieren ihn nicht. Sie integrieren ihn spielerisch und oft auch mit Ironie und Spott in ihr Leben. Damit nehmen sie dem Tod die Schwere und geben ihm Leichtigkeit. Wem bewusst ist, dass er sterben wird, der hat keine Angst mehr vor dem Leben.

Das Fest der »Engelchen«

Etwas nahm mich besonders gefangen. In der Nacht zuvor hatten die Einwohner von Oaxaca die Ankunft der »Angelitos« gefeiert, der Engelchen, der früh verstorbenen Kinder. Es waren Altäre zu sehen, die mit Lieblingsspielzeug, Puppen und Teddybären der Kinder geschmückt waren. Ich konnte die Mütter vor ihren Häusern ansprechen, und sie erzählten mir offenherzig die Geschichte von ihrem »Angelito«. Als ich erzählte, dass mein Kind auch gestorben war, blieben die Mütter interessiert stehen, die Nachbarinnen traten hinzu und fragten nach, wie mein Sohn hieß, wie er aussah, wie er gestorben war, wie es mir geht. So viel echte, mitfühlende Anteilnahme hatte ich in Deutschland nie erlebt. Im Gegenteil: Oft hatte ich das schizophrene Gefühl, als Trauernde, die eigentlich Zuspruch dringend nötig hätte, meine Trauer aus Rücksicht auf meine Umgebung unterdrücken zu müssen.

In Oaxaca hatte ich zum ersten Mal das Gefühl, meine Trauer ganz natürlich ausleben zu können, sie nicht verstecken zu müssen. Endlich durfte ich offen zeigen, dass mein Kind tot ist, dass ich traurig darüber bin und dass sein Tod anerkannt und durch ehrliches Mitgefühl begleitet wird. Das war einerseits eine unglaubliche Erleichterung für mich – und andererseits belastend durch die Erkenntnis, was wir hier bei uns in Deutschland eigentlich versäumen, wenn wir den Tod aus unserem Leben zu drängen versuchen, anstatt ihn zu feiern.

In unserer Gesellschaft wird erwartet, dass wir Trauer unterdrücken, um andere nicht damit zu belasten. So kann Trauer aber nicht heilsam ausgelebt werden.

Eine »Ofrenda« für Leon-Paul

Was ich in Oaxaca sah, beeindruckte mich so, dass ich mit meinem Mann auch einen solchen Altar errichten wollte. In unserem Hotelzimmer räumte ich einen Tisch frei und stellte das Foto auf, das wir kurz nach Leon-Pauls Geburt aufgenommen hatten und das mich seither auf jeder Reise begleitete. Ich stellte eine Kerze dazu und schmückte den Tisch mit kleinen Totenkopffiguren und gelben Blumen zu meiner privaten »Ofrenda«. Der Altar für meinen Sohn war etwas Gutes, das mir sehr viel Ruhe gab; ich hatte das Gefühl, dass er mit dabei war, und fühlte mich versöhnt, mit allem, was geschehen war. Mein »Engelchen« war nach einer langen, langen Reise bei mir angekommen. Ich beschloss, nie wieder über den Tod meines Sohnes zu schweigen, ihn nicht zum Tabu zu machen und fortan ganz offen damit umzugehen.

Weinen und lachen, trauern und feiern

Mit Einbruch der Dunkelheit begann das große Abschlussfest. Ganz Oaxaca war auf den Beinen und versammelte sich auf dem Friedhof. Von überall her kamen Prozessionen, darunter viele Kinder, die sich als Tod oder als Skelett verkleidet hatten und fröhlich umhertanzten. Nachdem die Seelen der Toten den Tag über bei der Familie verbracht hatten, wurden sie am Abend zu ihren Gräbern zurück begleitet. Damit den Seelen der Abschied nicht so schwerfällt, geht die ganze Familie zum Grab, um dort zum Abschluss des Festes noch einmal richtig zu feiern.

Man kann sich die Szene nicht farbenfroh genug vorstellen. Der Vorplatz des Friedhofs war beleuchtet, in jeder Mauernische brannten Kerzen und spendeten warmes, weiches Licht; alles war festlich und voller Freude, eine Stimmung wie auf dem Weihnachtsmarkt. Es gab Buden, an denen man etwas zu essen und zu trinken kaufen konnte, auf einer Bühne wurde Theater gespielt. Eine Mariachi-Kapelle spielte traditionelle mexikanische Musik. Die Menschen waren gut gekleidet – aber nicht aufwendig, denn bei diesem Fest stehen die Toten im Mittelpunkt, nicht die Lebenden.

Zwischendurch schweigt die Musik – nicht nur, weil die Musiker eine Pause brauchen und mit den Familien einen Tequila trinken,

Zuletzt wurde auf dem Friedhof sogar getanzt, was nicht nur am Tequila lag. Wer traurig war, weinte und wandte sich dann auch wieder der Lebensfreude zu.

Das Ritual des Día de los Muertos

Wir haben dieses Ritual im großen Rahmen bei AETAS in der Nacht vom 1. auf den 2. November 2011 gefeiert. Freunde, Mitarbeiter und Menschen, die wir bei ihrer Trauer begleiten durften, haben bei uns im Haus Altäre für ihre Verstorbenen aufgebaut. Es wurde gefeiert, gegessen und getanzt. Wir hatten sogar eine kleine Mariachi-Kapelle. Feiern Sie den Día de los Muertos gemeinsam mit Freunden; es ist ein fröhliches Fest – und diesmal hoffentlich nicht das letzte.

- Schmücken Sie den Altar, die sogenannte Ofrenda, mit einem Foto des Verstorbenen.
- Streuen Sie gelbe Blumen – etwa Ringelblumen oder Chrysanthemen – auf den Altar.
- Schmücken Sie den Altar mit Kerzen und Copal (Räucherstäbchen oder Weihrauch). Der Geruch von Copal und Kerzen soll den Verstorbenen anlocken. Rote Kerzen symbolisieren Schmerzen, weiße die Hoffnung und lilafarbene eine Feier.
- Bereiten Sie das Lieblingsessen des Verstorbenen zu und legen Sie selbst gebackenes Totenbrot (»Pan de los muertos«), Totenköpfe aus Zucker (»Calaveras de dulce«), Maispastete (»Tamales«), Schokoladensauce (»Mole«) sowie Früchte auf den Altar.

Das Ritual des Día de los Muertos

- Wenn der Verstorbene ein Kind war, legen Sie sein Lieblingsspielzeug auf den Altar.
- Halten Sie auch ein kleines Stück Seife, etwas Wasser und ein kleines Handtuch bereit, damit der Verstorbene sich nach seiner langen Reise erfrischen kann.
- Geben Sie Salz als Symbol der Reinigung auf den Altar.
- Stellen Sie einen Stuhl neben den Altar, auf den der Verstorbene sich setzen und auf dem er sich ausruhen kann.
- Fertigen Sie ein Mandala an: Streuen Sie mit Lebensmittelfarben gefärbten feinen Sand auf ein weißes Tuch, das Sie in einen Holzrahmen gespannt haben.

sondern auch, weil die Menschen wieder Zeit finden sollen, sich auf ihre Verstorbenen zu konzentrieren. In einem Moment liegen sich die Menschen in den Armen und weinen, im nächsten begrüßen sie einen herannahenden Bekannten mit lautem Hallo. Weinen, Lachen, Trauern, Feiern – alles darf hier gleichzeitig sein.

Die Menschen werden in dieser Nacht getragen von derselben Grundsehnsucht nach Versöhnung mit dem Leben und seinen Konflikten, dem Wunsch, Frieden zu schließen mit dem Tod der Verstorbenen und der Gewissheit, dass auch sie sterben werden. Sie alle finden Trost darin, dass sie nicht vergessen werden und Teil der Gemeinschaft bleiben, wenn eines Tages ihre Zeit gekommen ist zu sterben.

Richtig gelebte Trauer ist ein kreativer Prozess, der uns reifen lässt und unserer Persönlichkeit Gelegenheit gibt, sich weiterzuentwickeln.

Tod und Leben sind untrennbar verbunden

Es war eine so harmonische Stimmung, dass wir nicht merkten, wie die Zeit verging. Um Mitternacht ist für die Verstorbenen die Zeit gekommen, wieder ins Jenseits zurückzukehren. Das Fest ist zu Ende, bis die Toten im nächsten Jahr wiederkommen. Beseelt gingen wir zurück ins Hotel.

Am nächsten Morgen ging die Reise weiter. Zuvor hatte ich den Altar für meinen Sohn wieder abgebaut und sein Foto wieder eingesteckt. Das Ritual hatte seinen Sinn erfüllt. So hatte ich ausgerechnet am Tag der Rückkehr der »Angelitos«, der Rückkehr der Seelen der toten Kinder, im fernen Mexiko zum ersten Mal erfahren dürfen, dass es ganz andere Wege und Rituale der Trauer gibt, Rituale, die uns wirklich helfen und Trost spenden können. Helfen, weil wir nicht nur erkennen, sondern getragen von der Musik und der feierlichen Stimmung auch spüren: Der Tod ist untrennbar mit dem Leben verbunden.

Das letzte Kapitel

Wir geben unsere Erfahrungen als Trauernde und Trauerbegleiter nicht mit dem Anspruch weiter, ein Allheilmittel gefunden zu haben – aber vielleicht können sie ein Werkzeug sein, Ihre Lebenssituation anzunehmen und sie weiter zu gestalten – als offenen Prozess, der unser Leben eben ist.

Schmerz und Verlust, Tod und Vergänglichkeit gehören zum Leben dazu. Ohne Schmerz und Verlust gibt es keine echte tiefe Liebe. Was wir lernen können, ist, diese schmerzhaften Gefühle anzunehmen als Teil unseres Lebens und nicht weiter dagegen anzukämpfen. Das hilft und bringt Linderung. Wir können weiter lernen, dass wir diesen Gefühlen nicht schutz- und hilflos ausgeliefert sind, dass wir uns rückbesinnen können auf die Rituale unserer Ahnen und dass wir neue, zeitgemäße Varianten entwickeln können, die uns Heilung bringen.

Wir können weiter lernen, den Prozess des Trauerns als kreativen Prozess zu begreifen, der uns reifen lässt und unsere Persönlichkeit über die gewohnten Grenzen hinaus entwickelt. Nicht duldende, nicht erleidende, sondern aktive Trauer bietet die Chance auf Wandlung hin zu einem neuen Leben – wir holen neue Ziele und neue Inhalte in unser Leben.

Aktive Trauer hat die Aufgabe, diese Räume zu erfahren und zu entwickeln. Sie lässt eine Kraft in uns entstehen, die uns sicher vom Grund der dunklen Tiefen unseres Seins wieder hinaufführt und uns wieder aufrichtet, wenn es uns gelingt, diesem Prozess die richtige Richtung zu geben. Dazu müssen wir der Wahrheit ins Auge schauen und vorbereitet sein auf unseren eigenen Tod.

Wir sind alle Sterbende. Wir wissen, dass das Ende aller Tage auch für uns kommen wird. Todsicher. Nur den Zeitpunkt wissen wir nicht. Warum also bereiten wir uns nicht besser darauf vor? Warum verleugnen wir, dass es mit der Zeugung, unserer Geburt und dem ersten Tag unseres Lebens auf dieser Erde schon in Richtung Sterben geht? Uns Menschen trennt nichts. Die Kranken nichts von den Gesunden, die Lebenden nichts von den Sterbenden. Außer: Zeit! Lebenszeit. Vom Sterben lernen heißt leben lernen, leben lernen heißt lieben lernen.

Wenn wir beherzigen, auch in der Trauer gute Gefühle zu entwickeln, wird jeder Tag zu etwas Einmaligem, Unwiederbringlichem – zu dem, was er ist: Jeder Tag ist ein guter Tag. Und dafür sind wir selbst verantwortlich. Wir bestimmen durch unser Handeln und unser Denken selbst, ob unser Leben nach der Trauer wieder erblühen kann. Der Tod macht uns klein – aber das Leben lässt uns

»Ich würde Jahrtausende lang die Sterne durchwandern – in allen Formen mich kleiden – in allen Sprachen der Welt – um Dir einmal wiederzubegegnen.«
Friedrich Hölderlin

wieder wachsen, wenn wir den menschlichen Qualitäten des Mitgefühls, der Großzügigkeit und der Dankbarkeit wieder mehr Vertrauen entgegenbringen.
Der Tod ist der Übergang in eine andere Form Leben, von der wir nichts wissen und von der wir nichts verstehen. Rein physisch ist der Tod die Rückkehr in den Naturkreislauf. Und weil der Tod ein Übergang ins Ungewisse ist, hat er diese unglaubliche Macht, die uns so fassungslos macht.
Der Tod ist und bleibt – ebenso wie Zeugung, Geburt und Leben – ein großes Mysterium. Wir wissen nicht, woher wir kommen, und wir wissen nicht, wohin wir gehen. Begreifen wir das Leben als ein großes Abenteuer, als ein Geschenk, das wir annehmen sollten. Dann sollte es für uns selbstverständlich sein, auch unseren Tod mit Würde zu gestalten und uns auf ihn »vorzubereiten«.

»Stay hungry. Stay foolish. Thank you all very much.«
Steve Jobs

Bereiten wir also uns und unseren Lieben das letzte Fest – ein Fest, bei dem wir uns noch einmal verabschieden lassen aus einem hoffentlich sinnerfüllten Leben, ein Fest, mit dem wir uns symbolisch dem Unbekannten, das kommt, innerlich befreit und offenherzig zuwenden.
In einem Interview beschrieb die Schwester des Apple-Gründers und genialen Technikvisionärs Steve Jobs die letzten Minuten vor seinem Tod. Seine letzten Worte klingen spannend und machen neugierig, auf das, was kommt.
Steves letzte Worte waren:

OH WOW.
OH WOW.
OH WOW …

Danksagung

Wir möchten allen Angehörigen, betroffenen Erwachsenen sowie den Jugendlichen und Kindern unser tiefes Mitgefühl aussprechen, an deren teils schweren Schicksalen wir in den Jahren unserer Tätigkeit als Trauerbegleiter teilhaben durften. Wir hoffen, ihnen in diesen schweren Stunden ein guter Wegbegleiter gewesen zu sein. Manch ein Leser wird in den beschriebenen Erlebnissen sicherlich ein Schicksal erkennen, da es nicht nur uns, sondern ein ganzes Land berührt hat. Bei allen anderen Beispielen wurden die Daten selbstverständlich so verändert, dass sie von Dritten nicht erkannt werden können.

Da dieses Buch auch ein Ratgeber ist, danken wir all den Autoren, deren Wissen uns seit Jahren bereichert.

Wir danken dem Irisiana Verlag und Herrn Stefan Linde für seine Geduld, sein »Sich-berühren-lassen« und den Mut, sich dem Thema zu stellen. Ebenso Frau Karin Stuhldreier und Frau Birte Schrader für ihre immer prompte Unterstützung, ihre Begeisterung und ihre Freude an diesem Buch.

Besonders danken möchten wir den Mitarbeitern unseres Bestattungsinstituts, weil sie täglich die Philosophie unseres Hauses leben und umsetzen. Sie alle haben ihr Herz am rechten Fleck und scheuen sich nicht, sich immer wieder den Herausforderungen unserer emotional schweren Arbeit zu stellen.

Unser Dank gilt auch unseren Familien und Freunden, die uns bis jetzt auf unserem Weg begleitet haben, an uns und unsere Visionen glauben und sich nicht abwenden, auch wenn wir oftmals von der schmerzlichen Seite des Lebens erzählen.

Unsere Arbeit hat uns gelehrt, dass es fast noch wichtiger ist, wie der Mensch das Schicksal nimmt, als wie sein Schicksal ist, um es in den Worten von Humboldt zu sagen. Wir leben dadurch bewusster, mit Demut, mit mehr Gelassenheit, Ehrfurcht und können so auch die kleinen Dinge im Leben genießen.

Auswahl hilfreicher Internetadressen

Für die Gestaltung und Inhalte der gelisteten Seiten sowie für die Arbeitsweise der einzelnen Einrichtungen übernehmen die Autoren keine Verantwortung.

- Palliativstation und stationäres Hospiz: www.barmherzige-muenchen.de
- Christophorus Hospiz Verein (Betreuung von schwerstkranken und sterbenden Menschen und deren Angehörigen; Trauergruppen): www.chv.org
- Hospizdienst Da-Sein (ambulanter Hospiz- und Palliativberatungsdienst; Trauergruppen): www.hospiz-da-sein.de
- Ambulantes Kinderhospiz (AKM; ehrenamtliche Betreuung von schwerst oder unheilbar erkrankten Kindern und deren Familien): www.kinderhospiz-muenchen.net
- Hospiz ohne Mauern – Koordinationsstelle Kinderpalliativmedizin (für Familien mit schwerstkranken und sterbenden Kindern): www.home-muenchen.de
- Deutsche Hospiz- und Palliativstiftung: www.dhp-stiftung.de
- Krisenintervention im Rettungsdienst (Betreuung psychisch traumatisierter Menschen in der akuten Situation): www.kit-muenchen.info
- Hilfe für verwitwete Mütter und Väter: www.nicolaidis-stiftung.de
- Kinder- und Jugendseite der Nicolaidis-Stiftung (für Kinder und Jugendliche, die ein Elternteil verloren haben): www.nicoundnicola.de
- Akademie für Menschliche Begleitung (u.a. Seminare zur Trauerumwandlung): www.canacacis.de
- AGUS – Angehörige um Suizid e.V. (bundesweite Selbsthilfeorganisation für Trauernde, die einen nahestehenden Menschen durch Suizid verloren haben): www.agus-selbsthilfe.de
- »Glücklose Schwangerschaft« e.V. (Kontaktkreis für Eltern, die ein Kind durch Fehlgeburt, Frühgeburt oder kurz nach der Geburt verloren haben): www.initiative-regenbogen.de
- GEPS – Gemeinsame Elterninitiative Plötzlicher Säuglingstod e.V.: www.sids.de
- Münchner Institut für Trauerpädagogik (berufsspezifische Weiterbildung, Supervision und Beratung): www.mit-institut.de

يا مفتح الأبواب افتح لنا خير الباب

Literaturempfehlungen

Bauer-Mehren, Renata et al.: *Kaleidoskop der Trauer.* Roderer, Regensburg 2003

Bossinger, Wolfgang, und Wolfgang Friederich: *Chanten – Eintauchen in die heilsame Kraft des Singens.* Südwest, München 2008

Canacakis, Jorgos: *Ich sehe deine Tränen – Lebendigkeit in der Trauer.* Kreuz, Freiburg 2011

Fleck Bohaumilitzky, Christine: *Du hast kaum gelebt.* Kreuz, Freiburg 2006

Franz, Margit: *Tabuthema Trauerarbeit. Erzieherinnen begleiten Kinder bei Abschied, Verlust und Tod.* Don Bosco, Werl 2008

Güvenç, Oruç, und Andrea Azize Güvenç: *Heilende Musik aus dem Orient.* Mit CD. Südwest, München 2009

Heitel, Mohani: *Die heilende Kraft der Mantras.* Südwest, München 2007

Kast, Verena: *Trauern.* Kreuz, Freiburg 2001

Kopp-Breinlinger, Karina, und Petra Rechenberg-Winter: *In der Mitte der Nacht beginnt ein neuer Tag: Mit Verlust und Trauer leben.* Kösel, München 2003

Kutter, Erni: Schwester Tod: *Weibliche Trauerkultur – Abschiedsrituale, Gedenkbräuche, Erinnerungsfeste.* Kösel, München 2010

Lammer, Kerstin: *Den Tod begreifen – neue Wege in der Trauerbegleitung.* Neukirchener Theologie, Neukirchen-Vluyn 2010

Lothrop, Hannah: *Gute Hoffnung – jähes Ende.* Kösel, München 1998

Nicolaidis, Martina, und Peter Zehentner: *Zurück ins Leben.* Edel, Hamburg 2009

Panholzer, Thomas Niklas: *Hypnotische Phantasiereisen.* Südwest, München 2008

Schwaiger, Thomas: *Christliches Totenbuch. Meditation über Ende und Anfang.* Kösel, München 2005

Specht-Tomann, Monika, und Doris Tropper: *Zeit des Abschieds. Sterbe- und Trauerbegleitung.* Patmos, Ostfildern 2010

Über dieses Buch

© 2012 by Irisiana Verlag, einem Unternehmen der Verlagsgruppe Random House GmbH, 81673 München

Redaktionsleitung: Karin Stuhldreier
Projektleitung: Birte Schrader
Redaktion: Dr. Ulrike Kretschmer, München
DTP/Satz und Gesamtproducing: Dr. Alex Klubertanz, Garmisch-Partenkirchen
Bildredaktion: Annette Mayer
Korrektorat: Susanne Langer
Layout: Christian M. Weiß, Fürstenfeldbruck
Umschlag: Geviert – Büro für Kommunikationsdesign, München

Druck und Bindung: Alcione, Trento
Printed in Italy

ISBN 978-3-424-15156-5

817 2635 4453 6271

MIX
Papier aus verantwortungsvollen Quellen
FSC® C021956

Hinweis

Textnachweis

Seite 21: Anzeige aus: tz vom 22.12.2011; Seite 33: Strophe aus Bertolt Brechts Gedicht »Gegen Verführung« aus: Bertolt Brecht: Ausgewählte Werke in 6 Bänden, Bd. 3 »Gedichte 1«, Suhrkamp Verlag, Frankfurt am Main 1997, Seite 116; Seite 39: aus: Shakespeare: Macbeth, Reclam Verlag, Ditzingen 1986; Seite 146: Zitat aus »Hahn und Harlekin« (1918) aus: Jean Cocteau, Band 2: Prosa, Volk und Welt, Berlin 1971, Seite 287; Seite 171: Zitat aus: Friedrich Hölderlin, Hyperion, Reclam Verlag, Ditzingen 1998; Seite 172: Zitat aus: Steve Jobs, Stanford Report, June 14, 2005

Bildnachweis

AETAS Archiv, München: 11, 14, 71, 87, 107, 116, 130; ddp images, Hamburg: 127; Digital Vision/RF: 4; F1online, Frankfurt: 96 (moodboard); Fancy/RF: 120, 123; Georgiadis Alexander, München: 6, 8, 20, 40 r., 45 l., 57, 82, 139, 156, 167, 168, 169; Getty Images, München: 26 (Digital Vision/RF), 54 (Botanica/ John Block); iStockphoto: 32 (sidsnapper), 38 (Mike Bentley), 45 r. (ooyoo), 46 (Hadel Productions), 49 (nkbimages), 64 (zorani), 76 (Oleksii Popovskyi), 94 (Ekaterina Fribus), 102 (blackred), 134 (Richard Watson), 144 (Alberto Bogo), 152 (Roberto Caucino); PantherMedia, München: 18 (Gerti Gruisinga/RF); Shutterstock: U1 (Vilor), 40 l. (Vaclav Volrab)